*The*
# HERO
# CODE

# 히어로 코드

## 위대한 인생을 만드는 10가지 행동

윌리엄 H. 맥레이븐 지음 | 이경식 옮김

**일러두기**

• 이 책의 각주는 모두 옮긴이주이다.

이 책은 실로 꿰매어 제본하는 정통적인 사철 방식으로 만들어졌습니다.
사철 방식으로 제본된 책은 오랫동안 보관해도 손상되지 않습니다.

이 책을 코로나19 팬데믹에 맞서서 전투를 벌이며 지금 이 순간에도 힘겹게 투쟁하는 모든 분께 바친다.

과학자들, 보건 전문가들, 생필품을 만들고 배달하는 사람들, 우리의 아이를 가르치는 사람들, 또 거리의 치안을 유지하는 사람들…… 이 세상에서 〈영웅〉이라 불릴 자격이 있는 사람이 있다면 바로 이분들이다. 우리 나라를 위해서, 또 전 세계를 위해서 애쓰는 모든 분들께 감사의 마음을 전한다.

# 차례

사람들이 저마다 앞장서서

세상을 조금이라도 더 좋게 만들려고 하다니,

이 얼마나 멋진 일인가!

—안네 프랑크

# 서문

내가 다섯 살이던 1960년, 공군 장교였던 아버지는 프랑스 퐁텐블로 주둔지에서 근무했다. 아버지는 유럽 연합군 최고사령부SHAPE 소속이었고, 우리 가족은 벨라우즈라는 외딴 지역의 오래된 3층 집에서 살았다. 집에는 현대적인 편의 시설은 거의 없었다. 심지어 텔레비전도 없었기에 나는 만화책에만 파묻혀서 성장했다. 이때 내가 본 만화책의 주인공은 배트맨, 스파이더맨, 판타스틱 포, 엑스맨, 헐크, 토르, 아쿠아맨 등이었다. 하지만 나의 상상력을 사로잡은 진정한 영웅은 따로 있었다. 이 영웅은 머리부터 발끝까지 철저한 미국인이었다. 그가 입는 옷은 빨간색과 하얀색과 파란색으로 되어 있었다. 그는 캔자스의 작은 시골마을 출신이었고 엄청난 능력을 가지고 있었다. 빠르게 날아가는 총알보다 더 빨랐고, 높은 건물들을 한 번에 뛰어넘을 수도 있었다. 이런 능

력으로 그는 늘 위험에 빠진 여자와 아이들 그리고 남자
들을 구했다. 그는 〈도움이 필요하고 억압받는 사람들을
위해 싸우는 전사〉였다. 제2차 세계 대전 때 나의 이 영
웅은 나치, 파시스트, 제국주의 군벌 그리고 배신자들에
맞서 싸웠다. 그는 미 육군과 해군과 함께 〈민주주의의
미래를 위한 거대한 전투에 힘차게 뛰어들었고〉 또 승리
를 거두었다. 이 영웅은 바로 액션코믹스의 〈강철 인간〉
슈퍼맨이었다!

　나는 슈퍼맨이 되고 싶었다. 정말 간절하게 그랬다.
집에 있던 수건이란 수건은 모두 나의 슈퍼맨 망토였다.
나는 슈퍼맨의 행동을 따라 하고 싶어서 의자든 소파든
테이블이든 어디에서나 멋지게 뛰어내리는 연습을 했
다. 언젠가 세상이 다시 위험해지면 반드시 슈퍼맨이 우
리를 구하러 세상에 나타나리라고 나는 믿었다. 어쩌면
내가 그와 한 팀이 되어서 활약할 수 있을지도 모른다고
생각했다. 배트맨은 로빈을 조수로 데리고 다니는데,
그렇게 보자면 슈퍼맨에게도 조수가 필요할지 모를 일
이었고 내가 바로 그 조수가 될 수도 있었다.

　1963년에 아버지는 귀국 명령을 받았다. 우리 가족은
칼레로 간 다음, 거기에서 원양 여객선 SS 유나이티드

스테이츠호을 탔고, 나흘 동안 대서양을 항해한 끝에 뉴욕에 도착했다. 호텔 객실로 들어서자마자 나는 텔레비전을 켰다. 화면 속에서 나의 영웅이 이 건물에서 저 건물로 날아다녔고, 그의 몸은 수많은 총탄을 튕겨 냈다. 그렇게 나의 영웅은 로이스 레인을 구했다. 그리고 그 모든 일이 메트로폴리스에서 일어나고 있었다.* 메트로폴리스, 뉴욕 시티……. 그랬다. 나는 바로 그곳 메트로폴리스에 있었다. 내가 거기에 있다면, 어쩌면 정말로 슈퍼맨도 거기에 있을지 몰랐다.

그 뒤 며칠 동안 나는 아버지와 함께 뉴욕 시내 여기저기를 돌아다녔다. 우리는 엠파이어스테이트 빌딩과 세계박람회장과 타임스퀘어 등 모든 곳을 찾아가서 둘러보았다. 그 빌딩이 사방으로 하늘을 찌르는 협곡을 탐험할 때, 나는 고층건물들 사이를 건너뛰는 〈강철 인간〉을 아주 잠깐이라도 볼 수 있지 않을까 싶어서 계속 고개를 젖히고 하늘을 바라보았다. 그런 나를 지켜보던 아버지는 이따금 발길을 멈추고 괜찮은지 물었다. 「그럼요, 괜찮아요. 아무 문제도 없어요.」 나는 여덟 살이었고, 슈퍼맨이 실제로 이 세상에 존재한다고 믿기에는 이미 충분

---

* 메트로폴리스는 「슈퍼맨」 시리즈의 배경 도시이다.

히 컸다는 의미로 그렇게 대답했다. 슈퍼맨은 그저 만화 속 캐릭터일 뿐임을 머릿속으로는 잘 알고 있었다. 그러나 마음속으로는, 아아 내 마음 깊은 곳에서는, 슈퍼맨이 현실에 실제로 존재한다고 진심으로 믿었다. **왜냐하면, 만일 슈퍼맨이 진짜로 존재한다면 세상의 모든 어려운 문제를 해결해 줄 테니까.** 슈퍼맨에게는 어려운 일이라곤 아무것도 없었다. 나치도 슈퍼맨을 막을 수 없었고, 외계인도 슈퍼맨에게 상처를 입힐 수 없었다. 그 어떤 범죄자도 나의 영웅보다 똑똑하지 않았으므로 나의 영웅을 해칠 수 없었다.

그런데 어느 시점에선가 아버지가 걸음을 멈추고는 정색하며 물었다.

「빌, 정말 아픈 데 없니?」

사실 나는 아버지에게 솔직하게 말하기 창피했다. 그러나 아버지가 몇 차례나 재촉하자 결국 속마음을 털어놓고 말았다.

「음…… 뉴욕 시티는 메트로폴리스잖아요. 그래서 나는…….」

그렇게 망설이며 한참 뜸을 들인 뒤에 결국 말해 버렸다.

「슈퍼맨이 보고 싶어요, 얼마나 보고 싶었는데…….」

아버지는 웃으면서 한 팔로 나를 감싸고는 지나가던 뉴욕 경찰관을 가리키며 말했다.

「아들아, 저 사람이 바로 뉴욕시티를 지키는 사람이야.」

나는 여덟 살 나이에 어떤 깨달음을 얻었다. 만약 슈퍼맨이 실제로 존재하지 않는다면, 그렇다면 세상은 누가 구할까? 만약 슈퍼맨이나 배트맨이나 스파이더맨이 달려오지 않는다면 온갖 범죄자들, 나치, 소련, 우주의 외계인들, 그리고 모든 폭력과 파괴를 누가 어떻게 막는단 말인가? 답은 분명했다. **그것은 바로 우리 몫이다.**

나이를 조금씩 더 먹으면서 나는 실제 세상의 영웅들에 집착하게 되었다. 달에 발을 디디려고 애쓰는 우주 비행사들, 환자를 치료하기 위해 백신을 만드는 연구자들, 약자의 권리를 위해 행진하는 시민운동 지도자들, 국민의 목소리를 담은 새로운 정부를 구성하는 정치 지도자들, 한국전쟁에서 돌아온 다음에 다시 베트남의 전쟁터로 떠나는 훈장을 단 군인들, 냉전의 장벽을 뛰어넘은 스포츠 선수들, 더 높이 오르고 더 깊이 잠수하고 더 멀리 항해하며 미지의 세계를 탐험하는 모험가들, 공기를 깨끗하게 하고 바다를 구하고 깨지기 쉬운 생태계를 보호하려고 노력하는 선각자들……. 나는 이 놀라운 사람들 한 명 한 명을 보고 경탄했지만, 마음 한구석에서는 내가 그런 사람들과는 전혀 달라서 그런 사람들에게 미칠 수 없음을 알고 있었고, 그런 사실이 마음에 개운치 않게 걸렸다. 그들은 나보다 똑똑하고 강하고 용감했다. 또 나에게는 없던 온갖 특성을 가지고 있었다. 그들은 내가 가지지 못한 초능력을 가지고 있었다. 그랬기에 그들은 영웅이었고 또 그들만이 세상을 구할 수 있었다. 그렇게 나는 생각했다.

그러나 이런 나의 생각은 틀렸다.

1977년에 나는 텍사스 대학교 오스틴 캠퍼스를 졸업한 뒤에 네이비실*에 입대했다. 그 뒤 37년에 걸쳐서 세계 곳곳을 돌아다녔다.

나는 인류의 최악의 모습들을 보았다. 전쟁과 파괴, 질병과 가난, 잔인함과 무관심이 그런 것들이었다. 세상은 온갖 문제들로 가득 차 있었다. 겉으로 봐서는 도저히 해결할 수 없는 문제들이었다. 그러나 그 37년 동안

* Navy SEALs. 1962년에 조직된 미 해군의 엘리트 특수 부대. SEAL은 해상Sea, 항공Air, 육상Land의 영문 머리글자를 딴 것으로 어디에서든 전투가 가능한 전천후 부대라는 뜻이다.

나는 인류의 최고의 모습들도 보았다. 평화를 추구하고 국가를 재건하며 질병을 고치고 가난한 사람들을 구제하는 수많은 사람을 보았다. 사회경제적 배경이나 인종이나 신념이나 성별과 지향점을 초월해서, 너무도 깊은 연민의 마음으로 다른 사람들의 냉혹함과 무관심을 오히려 무색하게 만드는 사람들을 나는 보았다.

나는 우리 모두 안에 영웅이 있음을 비소로 깨달았다. 인류가 처음 등장한 뒤로 모든 인간에게는 선천적으로 타고나는 코드code가 있다. 이 코드는 우리의 DNA에 기록되어 있다. 이 코드 덕분에 인류는 아프리카 대륙을 넘어 전 세계 모든 대륙으로 확장했다. 이 코드가 탐험가의 본능을 일깨웠기에 인류는 사막과 바다를 건너 세계 곳곳으로 퍼져 나갔다. 또한 이 코드는 인류의 위대한 종교를 창조하는 데 도움을 주었다. 이 코드는 초기 과학자와 철학자에게 대담한 용기를 불어넣었으며, 병들고 약한 사람들을 보살폈다. 또 대중에게 진실을 말하고 혼돈에 질서를 부여했으며, 절박한 사람들에게 희망을 안겼다. 그런데 이 코드는 암호도 아니고 풀어야 할 수수께끼도 아니다. 전 세계의 모든 사회가 번영을 누릴 수 있도록 인류로 하여금 탐구하고 보살피고 위로하고 영감을 주고 활짝 웃게 만드는 것은 바로 도덕률, 즉 내면의 행동강령이다.

이 책은 영웅들 그리고 그들이 가진 미덕을 이야기하는 책이다. 독자들은 과연 자기도 책에 등장하는 사람들처럼 용기와 연민의 마음을 가질 수 있을지, 혹은 그들처럼 겸손할 수 있을지 궁금할 것이다. **장담하지만, 당신도 그렇게 될 수 있다!** 어떤 사람들에게는 영웅의 모습으로 살아가는 것이 상대적으로 자연스럽다. 그러나 평범한 사람들인 우리는 자기 안에 있는 영웅의 미덕들을 바깥으로 끌어내는 방법을 따로 배워야 한다. 우리는 다른 사람이 살아가는 삶에서 그 미덕들을 바라보고 자기에게 투영하려고 노력할 필요가 있다. 우리는 소소한 단계들을 통해서 이런 자질을 쌓을 필요가 있으며, 결국 이것이 인성의 토대가 된다.

이 책에 담긴 이야기와 다양한 인물이 전하는 교훈들을, 독자가 다른 사람들로부터 존경받을 만한 삶을 추구할 때 가치 있는 것으로 받아들이길 기대한다. 우리가 위험한 상황에 놓일 때 슈퍼맨은 우리를 구하러 오지 않는다. 안타깝지만 이것은 너무도 분명한 사실이다. 그러므로 우리는 각자 자기에게 주어진 역할과 몫을 다해야 한다. 한 사람 한 사람 모두 자기 내면에 있는 영웅을 찾아서 바깥으로 드러내야 한다. 자, 커다란 수건 한 장을 집어 들고 망토처럼 어깨에 두르고 의자 위에 올라선 다음에 허공으로 높이 뛰어 보자!

# 1

**용기**

딱 한 걸음만 더 나아가라

용기는 인간이 가진 덕목 가운데 가장 소중한 덕목이다.
용기가 다른 모든 덕목을 보장하기 때문이다.

— 윈스턴 처칠

플로리다의 탬파에 특수전 사령부 본부가 있다. 그곳 지휘 본부로 들어서자 위장복을 입은 부사관이 군인들에게 〈차렷〉이라고 외쳤다. 테이블에 앉아 있는 모든 장병이 자리에서 일어났고, 내가 상석에 앉을 때까지 부동자세로 기다렸다. 나는 자리에 앉으면서 말했다.

「착석!」

날마다 진행되는 지휘 브리핑 자리였고, 육군, 해군, 공군, 해병대 그리고 민간인까지 포함해서 백 명이 넘는 사람들이 방 주변에 자리 잡고 있었다. 전날 밤에 일어났던 몇 가지 사건들을 4성 장군인 나에게 보고할 준비가 되어 있다는 뜻이었다.

내 앞의 약 9미터 높이의 벽에는 70인치 크기의 평면 모니터들이 빼곡하게 걸려 있었다. 하나하나가 모두 전 세계에서 진행되던 우리의 특수작전과 관련된 중요한 정보를 담고 있었다. 그 벽의 중앙에는 10제곱미터가량의 거대한 더미에 카메라와 마이크가 설치되어 있었다. 각지의 지휘관들과 화상 회의를 할 수 있는 장비였다.

그런데 옆자리의 장교에게 인사를 하려고 고개를 돌리는 순간 무언가 잘못되었음을 알 수 있었다. 조용하게 시선을 내리깐 그 장교의 표정이 심상치 않았던 것이다.

젊은 장교가 지난밤에 있었던 작전 결과를 브리핑하기 시작했다. 레인저*와 네이비실이 아프가니스탄에서 진행한 몇 가지 작전을 보고했으며, 아프리카에서 진행되던 훈련 프로그램을 이야기했고, 이어서 아군 사상자 보고 차례였다. 나는 속으로 기도를 했다. 제발 오늘은 사상자가 없기를……

「지난밤 칸다하르 지역에서 세 명이 전사했습니다. 크리스토퍼 혼스 일등병, 크리스 도미즈 중사, 그리고…….」

---

* Ranger. 미 육군 특수전사령부 소속의 경보병 특공부대이며, 전통적으로 착용해 온 검은 베레모가 유명하다.

장교는 거기에서 말을 잠깐 끊었다가 다시 이어갔다.

「문화지원단Cultural Support Team, CST 소속 애슐리 화이트 중위입니다.」

나는 심호흡을 크게 한 번 한 뒤에 물었다.

「무슨 일이 있었던 거야?」

「예, 레인저 대원들이 칸다하르에서 일상적인 임무를 수행하고 있었는데, 탈레반 주둔지에 지뢰가 설치되어 있었습니다. 세 사람이 이 지뢰에 당했습니다. 레인저 대원 두 명은 현장에서 즉사했습니다. 그리고…….」

장교는 다시 말을 잠깐 끊었다. 말을 계속 이어가기가 감정적으로 힘든 눈치였다.

「그리고, 화이트 중위는 폭발로 중상을 입었는데…… 의료진이 중위를 칸다하르로 긴급 후송했습니다만, 병원에서 사망했습니다.」

그 자리에 있던 모든 사람이 시선을 발밑으로 떨구거나 내 표정을 살폈다.

우리 장병이 사망했다는 보고를 받는 일은 결코 쉽지 않다. 두 레인저 대원의 목숨도 소중했지만, 애슐리 중위 또래의 딸을 둔 아버지인 나로서는 그녀의 죽음을 사실로 받아들이기가 무척 힘들었다. 물론 애슐리 중위가 전투에서 전사한 첫 번째 여군은 아니었다. 그러나 그때 만큼은 그 사건이 나에게는 개인적인 일로 느껴졌다. 내가 아니었다면 애슐리 화이트가 그 임무에 투입되지 않았을 터이기 때문이다.

2008년에 나는 별 세 개를 달고 합동특수전사령부 사령관이 되었다. 사령부 본부는 노스캐롤라이나에 있었지만 우리는 대부분의 시간을 이라크와 아프가니스탄에서 보냈다. 매일 밤 우리가 진행하던 전투 작전을 지켜본 끝에 나는 우리가 임무를 수행하는 데는 미국인 여성이 필요하다는 결론을 내렸다. 우리 목표 지역의 아프간 여성과 관계를 맺기 위해서는 그들의 활약이 반드시 필요했다. 남성 심지어 아프간 남성조차 아프간 여성과 접촉하는 일은 문화적으로 적합하지 않았다. 그러나 아프간의 아내와 딸, 자매들은 우리가 추적하는 적과 관련된 중요한 정보를 가지고 있었다. 아프간 여성과 접촉할 여군도 없이 아프간인을 상대로 싸운다는 것은 한 손을 뒤춤에 묶은 채 나머지 한 손만 가지고 싸우는 셈이었다. 여군이 없는 상태에서는 임무가 훨씬 더 위험했다. 하지만 내가 필요로 했던 전력은 평범한 여군이 아니라 최고의 여군이었다! 두려움이 없고 육체적으로나 정신적으로 강인한 여군, 끈질기게 따라붙는 전쟁 스트레스를 견딜 수 있는 여군이 필요했다. 전투로 단련된 강인한 남자 전사들의 경험에 주눅 들지 않고 그들과 나란히 설 수 있는 여군, 남자 대원의 투박함과 냉담한 행동에 휘둘리지 않는 여군이 필요했다. 우리는 하루도 거르는 날 없이 매일 밤 치열한 전투를 벌였고, 벌써 여러 해째 사상자가 늘어나고 있었다. 이런 상황에서 정신적 외상을 입은 남자 대원들이 속출하고 있었다. 그랬기에 나로서는 회복력이 탁월하고 용감하며 임무에 헌신할 여군이 필요했다. 그래서 나는 내가 지휘하는 전투 작전에 문화지원단 여군 대원이 필요하다고 상급 본부에 요청했고, 애슐리 화이트는 문화지원단의 초기 여군 지원자 가운데 한 명으로 파견되었다.

문화지원단 후보자들은 노스캐롤라이나의 포트브래그에서 파병 임무를 수행하는 데 필요한 폭넓은 분야의 신체적·심리적 훈련을 받았다. 애슐리는 믿을 수 없을 정도로 강인했다. 턱걸이를 스무 번 연속으로 했고 대부분의 신체 테스트에서 남자 대원들과 대등했다. 한 교관이 그녀를 두고 〈조용한 금발의 메가트론*〉이라고 불렀

* 「트랜스포머」 시리즈에 등장하는 강력한 능력을 지닌 외계 로봇 생명체.

을 정도이다. 하지만 그녀는 놀라울 정도로 강인했을 뿐만 아니라 모든 면에서 여성스러움 그 자체였다. 문화지원단 동료인 메건 커랜 대위는 애슐리를 두고 이렇게 말했다.

「애슐리는 한 남자의 아내이기도 했으며 한 가정의 딸이었습니다. (……) 그녀는 여성적인 것을 두려워하지 않았으며, 또한 동시에 전사로 행동하는 것도 두려워하지 않았습니다.」

2011년 8월, 애슐리는 미국 최고의 엘리트 보병부대인 제75레인저 연대와 함께 아프가니스탄에서 임무를 수행했다. 아프가니스탄에 발을 디딘 지 몇 주 지나지 않았을 때 그녀는 탈레반과 총격전을 벌였는데, 이 전투에서 거둔 공로로 그녀는 적의 총격을 받은 병사들에게만 주는 전투교전기장*이라는 귀한 기장을 받았다. 이때 그녀는 특유의 겸손함을 보이면서 자기가 했던 행동이 별일 아니라고 했다.

애슐리는 매일 저녁 방탄복에 완전군장을 하고 헬리콥터에 탑승해서, 과연 무사히 살아서 돌아올 수 있을

---

* Combat Action Badge. 보병이나 특수전 대원이 아닌 장병이 적과 교전했을 때 받는 휘장.

지 알 수 없는 어둠 속으로 날아갔다. 위험했고 온갖 위기를 넘어서야 했고 또 모든 것을 잃을 수도 있었다. 하지만 그녀가 가장 두려워했던 것은 따로 있었다. 동료가 자기를 필요로 할 때 자기가 그 자리에 없어서 그들을 실망시키면 안 된다는 두려움이었다. 애슐리 화이트는 **언제나** 동료들 곁에 있었다. 그녀는 **언제나** 준비되어 있었다. **언제나** 모든 것을 준비하고 있었다. **언제나** 임무에 집중했다. 2011년 10월 22일 저녁도 다르지 않았다. 그녀는 장비를 단단히 챙겼다. 두려움을 털어내고 헬리콥터에 올랐다. 그날 밤에 무슨 일이 일어나든 사랑하는 전우들을 실망시키고 싶지 않았기 때문이다. 그날이 다른 날과 달랐던 단 하나는 애슐리가 자기 목숨을 바쳐서 놀라운 용기를 발휘했다는 점이다.

전투는 사람을 지치게 만든다. 두려움은 밤마다 찾아와 괴롭히고 귀에다 속삭이며 최악의 악몽을 강요한다. 이런 상태에서는 아침에 눈을 뜨고 일어나 하루를 마주하는 일조차 놀라운 용기가 필요하다. 자신에게 금방이라도 힘들고 위험한 도전이 닥칠 수 있음을 알면서도 열정적으로 그날 하루를 맞는 데는 훨씬 더 큰 용기가 필요하다. 그러나 애슐리 화이트와 같은 진정한 영웅들은 두려움 없이 새로운 하루를 맞는다. 두려움에 맞서는 용기를 가졌기 때문이며, 그 용기가 그들의 정신과 결의를 강하게 다져 주기 때문이다.

전사한 군인의 부모나 배우자에게 편지를 쓸 때마다 내가 망설이지 않고 믿음을 담아서 쓰는 말이 있다. 그 영웅들은 자기를 사랑하고 존경하는 동료 곁에서 진정으로 자기가 사랑하는 일을 하면서 죽어 갔다고……. 이런 말들이 유가족에게는 더 큰 슬픔이 될 수도 있음을 나 역시 고통스럽게 알고 있지만, 그건 변할 수 없는 진실이다. 애슐리 화이트는 함께 복무하던 군인들을 사랑했고, 그녀가 보여 준 용기는 그 사랑의 표현이었다. 명예훈장* 수훈자인 마이크 머피 중위, 마이크 몬수어 준위, 존 채프먼 하사, 로비 밀러 하사 등이 그랬던 것처럼, 혹은 동료를 구출하는 작전을 수행하려고 콜사인 〈터빈 33〉과 〈익스토션 17〉로 각각 불리던 두 대의 헬리콥터에 탑승했지만 끝내 살아서 돌아오지 못했던 네이비실 대원들과 특수부대 대원들이 그랬던 것처럼, 혹은 9·11 사건 이후로 수천 명의 육해공 군인과 시민들이 그랬던

---

* Medal of Honor. 전투원으로서 희생적 수훈을 세운 군인에게 미국 대통령이 의회의 이름으로 주는 최고 훈장.

것처럼······.

그러나 용기는 전사의 전유물이 아니다. 결코 그렇지 않다. 약자를 돌보는 의사, 거리를 순찰하는 경찰, 거센 불길이 일렁거리며 금방이라도 무너질 것 같은 건물로 돌진하는 소방관, 아이들을 지키고 보호하는 부모, 그리고 당당하게 두려움을 이기고 비범한 일을 해내는 사람, 이들에게서도 나는 똑같은 영웅의 행동을 보았다.

그러나 때때로 국가의 적과 맞서거나 길거리에서 위협에 맞설 수 있는 육체적 용기는 내면의 적에 맞서는 데 필요한 용기에 비하면 오히려 왜소하다. 사람은 누구나 인생을 살아가면서 마주치는 어렵고 힘든 과제를 이기고 넘어서야 한다. 두려움, 불확실성, 후회, 알코올, 마약, 우울증이 그런 것들이다. 나는 자기 내면의 악마와 맞서는 사람들이 보여 주는 용기에 감명을 받은 적이 많다. 육군 주임원사인 크리스 패리스와 그의 아내 리사가 수천 명의 장병들 앞에서 개인적인 이야기를 들려주는 모습을 매우 자랑스럽게 지켜본 적이 있다. 크리스가 외상 후 스트레스 장애에 시달리는 가운데서도 부부가 함께 가족이라는 이름으로 분투하는 이야기였다. 크리스와 리사는 자기들의 아픈 이야기를 용감하게 드러냄으로써 자기들처럼 고통받는 참전 용사들에게 주변 사람에게 도움을 청하라고 격려했다. 두 사람이 보여 준 용기가 자살 직전까지 갔던 많은 사람의 목숨을 구했음은 두말할 필요도 없다.

그러나 이 보이지 않는 상처에 맞서서 싸워 온 것은 전투 현장의 대원들만이 아니다. 4성 장군인 카터 햄은 자기의 고백이 다른 사람들에게 용기를 주길 바라면서 이례적인 행동을 했다. 자신이 우울증 및 외상 후 스트레스 장애에 시달린다는 사실을 털어놓은 것이다. 전 합참의장인 샌디 위네펠드는 아들을 마약성 진통제인 오피오이드 과다 복용으로 잃었다. 그 뒤에 샌디 부부는 오피오이드 중독과 싸우는 사람들을 돕겠다는 목적으로 〈세이프 프로젝트SAFE Project〉 운동을 시작했다.

인생을 살면서 고통과 실망에 맞닥뜨리지 않는 사람은 아무도 없다. 만약 세상의 악이나 자기 내면 깊은 곳에 자리 잡은 나약함에 맞설 용기를 자기가 가지고 있는지 단 1초라도 의심하는 사람이 있다면, 단언하건대 이 사람의 생각은 틀렸다.

*

어느 전설에 따르면 텍사스가 멕시코에 맞서서 독립 전쟁을 벌일 때, 윌리엄 B. 트래비스 대령은 검을 뽑아 들고 알라모 요새를 방어하는 병사들 앞에서 모래 땅에 선 하나를 길게 그었다. 그러고는 부하들에게, 멕시코의 산타 안나 장군이 이끄는 군대에 자기들이 몰살당할 게 거의 확실하다고 말했다. 이어서 그는 요새를 떠나서 목숨을 건지고 싶은 사람은 그렇게 해도 좋다고 말했다. 그렇지만 요새에 남아서 멕시코 군대에 맞서 싸우고자 하는 사람은 한 걸음 앞으로 나아가서 모래 위에 그어 놓은 선을 넘어가라고 했다. 정치인이나 역사학자 그리고 선의를 가진 찬반 양측의 사람들이 이 전투의 정당성을 놓고 얼마든지 토론을 벌일 수는 있다. 그러나 끝내 요새에 남아 죽음을 선택한 사람들의 용기와 이 용기가 미국의 미래에 끼쳤던 영향에 대해서 이의를 제기하는 사람은 아마도 없을 것이다.*

사람은 누구나 모래 땅에 그어 놓은 그 선을 자기 내면에 가지고 있다. 용기 있게 나서지 못하도록 가로막는

* 1835년에 텍사스는 멕시코로부터의 독립을 선언했고, 윌리엄 B. 트래비스가 이끌던 부대는 13일 동안 알라모 요새에서 산타 안나 장군이 이끌던 5천여 명의 멕시코 군대에 맞선 끝에 대원 187명 대부분이 전사했다.

두려움과 공포를 누구나 자기 내면에 가지고 있다. 그러나 그 두려움이나 공포, 장애물들 그리고 인생의 어려운 과제들을 극복하려면 한 걸음 앞으로 나아가서 그 선을 넘기만 하면 된다. **딱 한 걸음이다.** 한 걸음만 앞으로 나아가서 헬리콥터를 타라. 한 걸음만 앞으로 나아가서 의사에게 자기의 현재 증상을 털어놓아라. 한 걸음만 앞으로 나아가서 불의에 맞서 싸워라. 한 걸음만 앞으로 나아가서 불량배들에게 맞서라. 한 걸음만 앞으로 나아가서 자기 내면의 악마를 정면으로 바라보아라. 이렇게 한 걸음 앞으로 나아간다면 자기가 추구하던 바로 그 용기를 가지게 될 것이다. 두려움을 극복하고 자기가 갈망하는 영웅이 되는 데 꼭 필요한 바로 그 용기를 말이다.

### 히 어 로  코 드

---

나는 언제나 용기를 가지려고 노력할 것이다.
두려움이나 공포에 맞닥뜨릴 때마다
한 걸음 앞으로 나아가려고 노력할 것이다.

# 2

## 겸손

나의 한계를 명료하게 인식하라

유능하면서도 겸손한 사람은
왕국 하나의 가치를 지닌 보석이다.
— 윌리엄 펜

식당은 그다지 크지 않았고 아늑했다. 바닥은 아름다운 원목이었고, 프랑스식 문들은 넓은 카펫이 깔린 계단으로 연결되었으며, 이 계단은 다시 현관으로 이어졌다. 헤드테이블은 9인용이었고, 이것 말고도 원탁은 여섯 개가 놓여 있었다. 이 개인적인 만찬을 마련한 사람은 유명한 운동 치료와 심장병 전문의 케네스 쿠퍼 박사였는데, 1968년에 출간된 그의 첫 번째 저서인 『에어로빅 Aerobics』은 피트니스 혁명에 영감을 불어넣은 책이기도 하다. 쿠퍼 박사는 그날 저녁에 댈러스에 있는 쿠퍼 연구소Cooper Institute에서 강연을 해달라고 나를 초대했었다. 쿠퍼 박사와 그의 아내 밀리는 내 맞은편에 앉았다. 내 오른쪽에는 명예의 전당에 이름을 올린 댈러스 카우보이스의 쿼터백 로저 스타우바흐와 그의 아내 마리안느가 자리했다. 2014년 해군에서 전역한 뒤에 나는 로저와 친구 사이가 되었다. 또 다른 매우 멋진 댈러스의 부부가 쿠퍼 부부 옆에 앉았고, 내 왼쪽에는 노신사와 그의 아내가 앉았다.

쿠퍼 박사가 손님들에게 인사를 했고 음식이 나오기 시작했다. 댈러스 부부는 대화하기엔 너무 멀리 떨어져 있었고 스타우바흐 부부는 쿠퍼 부부와 열띤 토론을 하고 있었기에 나는 나와 가장 가까운 자리에 있던 노신사에게로 관심을 돌렸다. 의자에 앉기 전에 나는 식탁을 돌면서 그날 처음 만난 사람들과 인사를 나눴지만, 그 노신사의 성을 미처 기억하지 못했다. 그저 〈찰리〉라는 이름으로 불린다는 것만 알고 있었을 뿐이다.

「여기 댈러스에 사십니까?」

내 질문에 노신사를 고개를 저었다.

「아니, 아니요. 아내 도티와 나는 뉴브라운펠즈에 살아요.」

뉴브라운펠즈는 내가 성장한 샌안토니오에서 그다지

멀지 않은 아름다운 마을이었다.

「뉴브라운펠즈에는 어떻게 살게 되었습니까?」

「그게…… 내가 공군에 오래 복무했거든요. 그런데 은퇴하면서 우리 부부가 거기에서 살기로 했습니다.」

「공군이셨군요.」

나는 미소를 지으며 대화의 물꼬를 텄다. 우리 사이에 공통점을 발견했기 때문이다. 「돌아가신 아버지도 공군이셨습니다. 전투기 조종사였죠. 아들도 지금 현역 공군이고요.」

「아, 정말 그때가 좋았습니다.」

「공군에서 뭘 하셨습니까?」 내가 물었다.

「전투기 조종사였다오.」

그제야 나는 그 노신사를 제대로 바라보았는데, 정말 그런 것 같았다. 비록 팔십 대 초반인 것 같았지만, 그 나이에도 날씬한 체형에 건강해 보였고, 자기의 가치를 제대로 아는 사람만이 지닐 수 있는 태도를 보여 주는 사람이었다.

「무슨 비행기를 몰았습니까?」

「이것도 조금 몰고 저것도 조금 몰고 그랬죠.」

「재능이 많으셨네요?」

「그게 아니라 뭐든 하나를 제대로 못한 사람이었겠죠, 하하하!」

나는 그의 대꾸에 빙그레 웃었다. 그러나 어쩐지 그 얘기를 계속해야 할지 망설여졌다. 전투기 조종사들은 종종 자기의 비행사 서열에 대해 민감하게 여기는데, 만약 서열이 낮은 사람이라면 그 주제로 대화를 계속 이어가다간 어색해질 수도 있기 때문이다.

저녁을 먹는 동안 그 노신사에 대한 정보를 조금 더 얻어냈다. 그러나 찰리는 본인 얘기를 무척 꺼리는 눈치였다. 그는 오히려 나와 내 가족 얘기를 더 하고 싶어 했다. 그는 공군에서 복무하는 내 아들과 다른 두 아이에 대해서 궁금해했다. 또 나와 아내가 결혼 40주년을 넘겼다는 사실에 무척 감동한 눈치였다. 내가 보기에 그는 아내를 어릴 때부터 그때까지 평생 사랑했으며 또 두 사람이 결혼해서 함께 산 세월이 우리 부부보다 훨씬 더 길었을 것 같은데도 그랬다. 찰리는 내 해군 경력을 물었는데, 알고 보니 그는 해군사관학교를 졸업했었다. 그곳을 졸업한 뒤에 공군으로 소속을 바꾸었다고 했다.

디저트가 나왔을 무렵에 나는 우리 두 사람이 좋은 친구처럼 가까워졌다고 느꼈다. 그의 조용한 자신감과 온

화한 성격 그리고 나와 내 가족에 대한 진정 어린 관심 덕분에 몇 년 동안은 키워 나가야 생길 수 있는 깊은 친밀감이 순식간에 만들어졌다. 그는 또한 돌아가신 나의 아버지를 많이 생각나게 했다. 자주 미소를 지었고, 편안하게 껄껄 웃었으며, 식탁에 함께한 모든 사람에게 무척이나 친절했다. 그러나 식사를 마칠 때까지도 나는 그의 풀 네임을 듣지 못했다.

식사를 마치고 자리에서 일어설 때 찰리와 도티에게 멋진 저녁 시간을 보낼 수 있어서 고맙다고 인사했다. 그러자 두 사람은 우리 부부를 뉴브라운펠즈로 초대할 테니 함께 바비큐를 먹자고 했다. 뉴브라운펠즈는 그렇지 않아도 한번 가보고 싶던 곳이었다.

계단을 걸어서 현관으로 가던 길에 로저 스타우바흐가 내 팔을 잡고 옆으로 끌고는 이렇게 물었다.

「찰리와 대화를 즐겁게 많이 나눈 것 같은데요?」

「예, 멋진 분이시네요.」

「당신은 그것이 어땠을지 상상할 수 있습니까?」

「무슨 말이죠?」

「무슨 말이긴, 달에서 걸어다는 것 말이죠. 생각해 보세요. 인류 역사상 딱 열두 명만 달에서 걸어 봤잖아요.」

「아니…… 무슨 얘기인지 잘 모르겠는데…….」

「찰리. 찰리 듀크 말입니다.」

「찰리 듀크가 왜요?」

그제야 로저는 상황을 판단하고는 껄껄 웃었다.

「정말 몰랐습니까?」

「모르다니 뭘요?」

「찰리 듀크는 인류 가운데 달에 발을 디딘 최연소자이잖아요.」

그 순간 너무 당황스러웠다. 이럴 수가! 미 공군의 **찰리 듀크 장군**, 인류 가운데 열 번째로 달에 발을 디딘 인물이자 역대 최연소로 달에 착륙한 우주 비행사. 그는 1957년에 해군사관학교를 졸업한 뒤에 공군으로 편입했고, 항공기의 성능을 시험하는 테스트 파일럿이 되었다. 1966년에는 우주 비행사 프로그램에 합류했고, 아폴로 11호의 첫 번째 달 착륙 당시에는 우주 비행 관제 센터의 목소리를 담당한 인물이었다. 또한 아폴로 13호의 예비 승무원이었던 듀크와 그의 동료인 존 영 그리고 켄 매팅리는, 불운했던 아폴로 13호의 승무원들을 무사히 귀환시킬 방법을 찾으려고 시뮬레이터에서 온갖 시도를 했었다.* 그리고 1972년 4월 16일에 듀크와 영은 달에서 가장 높은 지점인 데카르트 고원에 착륙한 다음에 주변 지역을 탐사하는 세 차례의 탐사 임무를 수행했다.

나는 로저에게 이렇게 말했다.

「근데 말입니다. 저녁 식사를 하는 동안 많은 대화를 나누었지만, 〈달에서 걸어 다녔다〉는 사소하고 별로 대수롭지 않은 사실에 대해서 그분은 단 한마디도 언급하지 않았단 말입니다!」

그러자 로저는 빙그레 웃으면서 말했다.

「놀랍지도 않네요, 워낙 겸손한 분이라서 말이죠.」

나중에 안 사실이지만 찰리 듀크의 겸손함은 쉽게 얻어진 게 아니었다. 달에 착륙하고 돌아온 뒤에 그는 조국의 영웅이 되었다. 명예와 부의 유혹은 그의 결혼 생활은 물론 가족에게 무거운 스트레스라는 짐을 지웠다. 그러나 도티가 기독교인이 되고 찰리도 곧 그 뒤를 따른 뒤에는 모든 것이 바뀌었다. 두 사람이 받아들인 신앙은 두 사람에게 겸손함을 가르쳤다. 우주의 광활함과 자연의 헤아릴 수 없는 복잡함 그리고 인간 진화의 장엄한 서사시 속에서는 어떤 개인이 아무리 위대한 업적을 쌓

* 아폴로 13호는 1970년 4월 11일에 발사되었는데, 우주선에 문제가 생겨서 달에 착륙하지 못하고 선회하다가 4월 17일에 무사히 지구로 귀환했다.

는다 한들, **심지어 달에서 걸었다는 사실조차도** 신이 이룩한 업적에 비하면 초라하기 짝이 없음을 두 사람은 깨달았다. 「마태오복음서」 23장 12절에서 예수는 이렇게 말한다.

「누구든지 자신을 높이는 이는 낮아지고 자신을 낮추는 이는 높아질 것이다.」

그러나 겸손의 미덕을 찬양하는 것은 기독교만이 아니다. 코란은 우리에게 〈최고의 자비로움을 따르는 종들은 겸손하게 땅 위를 걷는 이들이다〉라고 말한다. 구약 성경에서 「잠언」 11장 2절은 〈겸손한 사람에게는 지혜가 따른다〉라고 말한다. 공자는 〈겸손은 모든 미덕의 단단한 토대〉라고 제안한다. 힌두교도는 〈겸손한 사람만이 다른 사람이 가진 좋은 점을 인정하고 감탄할 줄 안다〉고 믿으며, 부처는 〈자기가 언제나 옳다고 생각하면 인생에서 아무것도 배우지 못한다〉고 말했다. 그리스 철학자 소크라테스조차 **자기가 그리스에서 가장 현명한 사람이라고** 대담하게 외쳤는데, 이것은 신에 비하면 〈인간의 지혜는 별로 가치가 없거나 전혀 가치가 없다〉는 사실을 알았기 때문이다.

겸손은 영웅적인 모든 덕목 가운데 가장 단순하지만

가장 적게 바깥으로 드러나는 덕목이다. 겸손하다는 것은 우주의 광대함, 복잡함, 풍요로움, 힘, 웅장함에 비하면 자기가 가진 지성과 신체적 강점, 재산은 아무것도 아님을 깨닫는 일이다. 우리가 우주에서 인간이 차지하는 위치를 알고 그에 따라 겸손해진다면 사람들 사이에 존재하는 온갖 차이들은 그야말로 한없이 작게 느껴질 것이다. 또한 자기가 이해하는 내용이라고 해봐야 똑같이 사소한 것일 뿐이며, 또 아무리 작고 사소한 도전 과제일지라도 이것을 넘어설 힘을 온전하게 획득하기가 무척 어렵다는 사실도 깨달을 것이다. 겸손은 존중하는 마음에서 비롯된다. 내가 모르는 것을 존중해라. 내가 쉽게 이해하지 못하는 것을 존중해라. 그러나 인생을 이렇게 겸손하게 다가갈 때, 우리는 자신을 둘러싼 아름다움에 더 크게 감사하고, 현미경을 들여다보거나 멀리 하늘의 별을 바라보며 더 많이 경외심을 느끼고, 작은 친절에도 깊은 영감을 받을 것이다. 그리고 다른 사람이 나를 대해 주기를 바라는 방식 그대로 다른 사람들을 대할 가능성도 훨씬 커질 것이다.

겸손의 힘은 우리를 서로 더 가깝게 만들어 준다. 모든 영웅의 역할은 사람들을 분열시키지 않고 단단하게 묶어 주는 것이다. **겸손해라. 그러면 당신의 인생에도 큰 도움이 될 것이다.**

## 히 어 로　　코 드

---

나는 언제나 겸손해지려고 노력할 것이다.

나의 지성과 이해력과 힘의 한계를

깨달으려고 노력할 것이다.

# 3

## 희생

모든 희생은 인류에 대한 투자이다

작은 성과를 이루려면 작은 희생만 해도 되지만,

큰 성과를 이루려면 커다란 희생을 해야 하고,

고귀한 성과를 이루려면 위대한 희생을 해야 한다.

— 제임스 알렌


그 사람이 연단에서 말을 하기 시작할 때 나는 조용히 앉아 있었다. 스포츠 코트에 헐렁한 바지 차림인 그는 키가 크고 체격이 좋았으며, 전직 해병으로서 자기를 돋보이게 하는 군인다운 태도가 특히 인상적이었다. 전역한 미국 해병대원인 칠십 대 중반의 패트릭 〈클레브〉 맥클래리 중위는 억센 남부 억양에 대머리였는데, 벗겨진 머리는 햇볕에 조금 탄 것 같았다. 그때 받은 인상은 지금도 생생한데, 사라지고 없는 팔 하나를 못 알아봤거나 왼쪽 눈에 검은색 안대를 두르지 않았다면 현역 군인이라고 해도 믿을 수 있을 것 같았다. 그러나 맥클래리가 연설 서두에서 언급한 것처럼, 1968년에 베트남의 한 고지에서 젊은 흑인 해병대원의 희생이 없었더라면 그는 이 자리에 서 있지도 못했을 것이다. 그는 그 젊은 해병대원의 영웅적 행위가 많은 사람의 인생을 바꾸어 놓았으며, 모든 세대에게 인간의 존엄성을 새로운 눈으로 바라볼 수 있게 했다고 말했다.

*

열다섯 명으로 구성된 소규모 정찰대가 베트남의 꽌득 계곡 146고지 정상에 다다랐을 때 해는 이미 저물어 있었다. 헬기에서 내린 지휘관 맥클래리는 부하들에게 즉시 흩어져서 전투태세를 갖추라고 지시했다. 그 고지(고지라고는 했지만 포격으로 온통 흙이 패고 무너졌다)는 지뢰와 부비트랩 그리고 독을 묻힌 죽창이 설치된 깊은 구멍투성이였다. 146고지는 그 계곡의 전략적 거점 지역이었고, 미 해병대와 북베트남군 양측 모두가 이 사실을 잘 알고 있었다.

다음 날, 텍사스 피트Texas Pete라는 호출 부호로 알려진

해병대 정찰부대가 참호를 보강하며 적의 공격에 대비
했다.

1968년 3월 5일 동 틀 무렵에 대규모 북베트남군과
베트콩*의 로켓포가 빗발처럼 쏟아지기 시작했다. 계곡
위쪽에서는 수류탄과 폭파 장약으로 무장한 적군이 자
살 폭탄 공격을 시작했다. 베트콩이 전면 공격을 시작하
자 맥클래리는 포격 지원을 요청하는 한편 참호에서 참
호로 뛰어다니며 대원들의 전투를 지휘했다.

고지의 한쪽 끝에서 랠프 존슨 이등병과 두 명의 대원
이 적과 교전을 시작했다. 고지로 기어오르는 베트콩들
은 폭약을 가득 채운 이른바 〈가방형 폭탄satchel charge〉을
우리 참호로 마구 던져 댔다. 대구경 포탄이 머리 위로
쉭쉭 소리를 내며 날았고, 폭발 소음으로 귀는 먹먹했다.
얼마 지나지 않아 압도적으로 많은 적군이 진지를 중심
으로 집결했다.

「수류탄이다!」

멀리서 누군가가 소리쳤고, 세 명의 해병대원은 본능
적으로 머리를 땅에 박았다. 몇 미터 떨어진 곳에서 땅

* 남베트남 민족 해방 전선. 북베트남의 지원을 받아 1960년 12월에 결성
된 남베트남의 공산주의 군사 조직이다.

이 풀썩 솟구쳤다가 가라앉았다.

「수류탄이다!」

외침이 한 번 더 있었고, 이번에는 한층 더 가까운 곳에서 수류탄이 폭발했다. 베트콩은 빠르게 진격하고 있었고, 존슨과 다른 해병대원 두 명에게는 총알이 떨어져 가고 있었다.

포탄의 폭발 충격으로 몸이 흔들린 맥클래리는 랠프 존슨의 참호와 가장 가까운 참호로 몸을 던졌다. 존슨과 동료들이 돌격해 오는 베트콩을 향해 사격을 계속하고 있을 때, 적의 수류탄이 존슨의 군화 뒤꿈치에 둔탁한 소리를 내며 떨어졌다.

「수류탄이다!」

존슨은 소리를 지르면서 아무런 망설임도 없이 그 수류탄을 끌어안고 엎드렸다. 수류탄은 폭발했고, 아직 열아홉 살밖에 되지 않았던 그는 즉사했다. 그러나 그는 맥클레리를 비롯한 동료 대원들의 목숨을 구했다. 존슨의 영웅적인 행동에 힘을 얻은 텍사스 피트 해병대는 베트콩의 공격에 치열하게 대항하면서 지원군이 도착할 때까지 버텼다.

베트남의 한가운데 있던 고립된 고지가 미국을 바꾸

어 놓을 가능성은 아무래도 희박했다. 그러나 146고지 전투가 끝난 뒤, 랠프 존슨이 자기 몸을 수류탄 위로 던져서 전우를 구했다는 소식이 미국 전역으로 빠르게 퍼져 나갔다. 미국 최남부 지역에서 성장한 이 젊은 흑인 해병대원은 정규 교육을 거의 받지 못한 채 짐 크로 법* 아래에서 살았지만, 자기의 모든 것을 전우들을 위해 내던지며 죽음을 선택했다.

클레비 맥클래리는 30여 차례의 수술을 받고 회복했다. 그리고 병상에서 일어난 뒤로 그는 랠프 존슨과 그의 동료 해병대원의 이야기를 사람들에게 들려주는 것을 자기 인생의 소명으로 삼았다. 이렇게 해서 찰스턴 출신의 이 겸손한 청년이 〈친구들을 위하여 목숨을 내놓는 것보다 더 큰 사랑은 없다〉는 「요한복음서」 15장 13절의 구절을 어떻게 실천하며 살았고 또 죽었는지 인종과 나이를 가리지 않고 모든 사람이 듣게 되었다.

랠프 존슨 이등병은 나중에 명예훈장을 받았다. 그러나 그의 희생은 국가 최고의 명예라는 그 훈장보다 훨씬 더 큰 결과를 만들어 냈다. 1960년대의 인종 분쟁에 휘

---

\* Jim Crow laws. 남북전쟁이 끝난 뒤에 남부인이 노예 해방을 사실상 무효화 하려고 제정한 일련의 인종 차별법.

말렸던 많은 미국인은, 동료 대원들의 목숨을 구하기 위해서 조금도 망설이지 않고 자기 몸을 던진 존슨의 이타적인 행동을 보고 각성했다. 존슨이 보여 준 그 행동은, 모든 사람은 피부색과 상관없이 존중과 희생을 받을 가치가 있음을 통렬하게 일깨우는 각성제였다.

*

2018년 3월 28일. 그날 찰스턴의 날씨는 추웠다.

해병대 기수단이 깃발을 들어 올리고 밴드가 국가를 연주할 때 나는 차려 자세로 오른손을 왼쪽 가슴에 얹었다. 내 앞에 보이는 부두에는 미 해군의 최신 구축함 **랠프 존슨호**가 정박해 있었다. 존슨의 가족과 랠프의 여동생 헬렌을 포함해서 5천 명이 넘는 사람들이 이 행사에 참석했다.

랠프 존슨호의 승무원들은 티 없이 맑은 파란색 제복을 입고 전투 위치에서 차려 자세를 취하며 〈전함에 생기를 불어넣었다〉. 차가운 봄바람이 부두를 쓸고 지나가는 가운데, 사우스캐롤라이나 전임 주지사에서부터 해병대 사령관에 이르는 고위 인사들이 연설을 했다. 랠프 존슨 덕분에 더 나은 나라가 되었음을 알았기에, 모두가 그가 만든 변화와 그에 대한 존경심으로 얼굴에 미소를 띠었다.

사우스캐롤라이나주 최초의 흑인 상원의원인 팀 스콧은 이렇게 말했다.

「랠프 존슨은 영원히 이어져야 할 우리의 유산을 처음 마련했습니다. 우리 모두는 서로를 끌어안아야 한다는 포부, 우리는 함께할 때 더 나은 사회가 된다는 포부를 그는 가졌습니다. 그는 자신보다 더 위대한 대의를 위해 기꺼이 목숨을 희생했습니다. 그것은 나 자신을 초월하는 봉사의 본질입니다. 우리의 진정한 영웅들은 아무도 알아보지 못하는 무명인이었지만, 그들은 우리의 가슴과 머리에서, 그리고 바라건대 우리의 행동에서 영원히 살아 있을 것입니다.」

랠프 존슨은 숭고한 대의명분을 위해 기꺼이 목숨을 바쳤다. 베트남 전쟁을 위해서가 아니라 전우들을 향한 사랑과 우정을 위해서 목숨을 바쳤다. 머나먼 타국의 산봉우리에서 일어났던 짧은 영웅적 행위가 해병대 동료들의 인생을 영원히 바꾸어 놓았으며, 우리 사회에 영원히 이어질 유산을 남겼다.

그러나 보통 사람들에게 희생은 비범한 용기의 빛나는 어떤 순간에서 비롯되는 것이 아니다. 우리가 하는 희생은 스스로 쌓아 올리는 작은 행동들이 모인 것이고, 시간이 흐르면서 이것은 가치 있고 눈에 띄는 것이 된다. 아이를 돌보려고 아침부터 저녁까지 두 개의 직장에서 일하는 미혼모, 학습이 더딘 아이가 공부를 포기하지 않도록 붙잡아 주려 애쓰는 교사, 청소년 농구팀 코치를 자원한 경찰관, 아픈 부모를 간호하는 어린 가장…… 이런 희생들이 영웅적일 수밖에 없는 이유는, 그들의 희생에 대해 고마움을 표하는 어떤 군중도, 영웅에게 수여하는 어떤 상도, 그들을 찬양하는 어떤 아름다운 말도 주어지지 않기 때문이다. 이 사람들에게는 자기가 한 행동의 고귀함을 스스로 안다는 것 말고는 무엇도 주어지지 않는다. 아아, 고맙다는 인사를 기대하지 않는 것도 은혜로운 행동이다.

이 모든 희생이 인류에 대한 투자이다. 이 투자는 여느 투자와 마찬가지로 매일 조금씩 보태면 나중에 엄청난 자산이 된다. 이 부(富)는 당신이 소비해서 없애 버리는 그런 부가 아니라 당신을 한층 더 부유하게, 감사와 만족과 찬미로 부유하게 만들어 주는 부이다.

희생하는 법을 배우기란 어렵지 않다. **매일 조금씩 자기 자신을 남에게 나눠주는 일부터 시작하라.** 당신의 시간을 친구에게 조금 나눠줘라. 당신의 보물을 가치 있는 일에 조금 나눠줘라. 당신의 작은 사랑을 가족에게 나눠줘라. 하루도 빼놓지 말고 날마다 **당신 자신을 조금씩 사람들에게 나눠줘라.** 그러면 나눔이 습관이 될 것이고, 자기 성격의 한 부분이 된다. 한 달 뒤, 일 년 뒤, 십 년 뒤, 그리고 평생이 흐르고 나면 당신이 했던 그 모든 희생이 특별한 무엇을 만들어 낼 것이다. 그 희생은 축복이 되고, 보상이 되고, 숭고한 열정이 될 것이다. 그렇다고 해서 그런 나눔이 큰 부담이 되지는 않을 것이다. 당신은 그렇게 존중과 찬양받을 가치가 있는 유산을 남길 수 있을 것이다. 그 유산은 바로 영웅이다.

### 히 어 로   코 드

---

나는 내가 가진 시간과 재능과 보물을
이것들을 절실하게 필요로 하는 사람들에게
조금씩 나눠 줌으로써 희생하는 방법을 배울 것이다.
날마다 하루도 빼먹지 않고 배울 것이다.

# 4

## 진정성

법과 신념에 따라 행동하라

리더십의 최고 덕목은 의심할 여지없이 진정성이다.

진정성이 없다면 범죄가 일어나는 뒷골목에서든

축구 경기장과 군대 혹은 사무실에서든

진정한 성공은 없다.

— 드와이트 아이젠하워

**나는 인생의 소중한 교훈을 대부분 전투 현장에서 얻었** 다. 그러나 모든 교훈이 그렇지는 않다.

한 무더기의 서류를 팔로 껴안고 펜타곤의 길고 긴 복도를 빠르게 걸어가면서 나는 불안해하거나 걱정하는 표정을 드러내지 않으려고 노력했다. 그날은 새로운 보직을 임명받고 근무하는 첫날이었고, 〈E 링〉*에서 열리

---

* E-Ring. 펜타곤에서 가장 핵심적인 곳으로 대외 군사 활동을 계획 · 조정하는 업무를 담당하는 제5동.

는 회의에 참석하러 가던 길이었다. 그곳에서 열리는 회의는 보통 국방부에서 중요한 직책을 맡은 내로라하는 사람들(국방부 장관, 합동참모본부 의장 및 부의장, 육군과 해군의 모든 4성 장군 등)이 참석하는데, 전 세계의 운명에 영향을 미치는 결정이 이루어지는 자리였다.

흰색 해군 하복을 입은 나는 계급이 무척 높은 장교를 씩씩한 걸음으로 지나쳐 갔다. 그 장교는 풋풋한 청춘으로 의욕에 불타올랐던 자신의 초급 장교 시절이 떠올랐는지 나를 보고 고개를 끄덕여 보이며 미소를 지었다.

나는 방문에 적힌 숫자들을 하나하나 확인한 끝에 마침내 그 회의실 앞에 섰다. 그리고 손잡이를 살그머니 돌려서 문을 연 다음 안을 살폈다. 거기에는 나의 상관인 테드 그래보스키 대령이 있었다. 대령은 나를 바라보지도 않은 채 말했다.

「좋았어, 아주 좋아. 준비한 슬라이드 줘 보게.」

「예.」

나는 내가 들고 있던 서류 더미와 슬라이드를 건넸다. 그러자 그는 슬라이드 가운데서 위에 있던 열 개를 골라서 불빛에 대보고는 혼잣말로 중얼거렸다.

「좋았어, 아주 좋아.」

사실 그래보스키 대령은 할리우드 영화에 나오는 네이비실 부대 지휘관의 모습은 아니었다. 키가 작고 안경을 썼으며, 글라이더 사고로 다리를 다쳐서 약간 절었고, 말을 할 때는 눈을 가늘게 뜨는 버릇이 있었다. 말이 무척 많은 편이었으며, 어쩐지 무뚝뚝하고 까다로운 사람이었다. 그러나 내가 보기에 그는 똑똑하고 통찰력이 있으며 근면하고, 또 믿을 수 없을 정도로 끈기가 있었다. 그런데 어쩌다가 나를 좋게 평가했는지 그는 나더러 자기 휘하 장교로 국방부에서 함께 일하자고 제안했고, 그렇게 나는 그의 밑으로 가게 되었다.

얼마 뒤에 사람들이 모여들기 시작했다. 국방부 소속의 군인과 민간인이 모여서 향후 2년 동안의 네이비실 예산을 논의하는 자리였다. 베트남 전쟁은 끝났고, 예산은 빠듯했다. 냉전이 한창이던 때라서 많은 사람이 해군 특공대의 필요성에 의문을 제기했다. 넉넉한 예산은 커닝 대원을 훈련시키고 현대적인 시설과 장비를 마련할 돈도 없었기에 우리 네이비실 부대의 미래는 암울하게만 보였다.

모든 사람이 자리에 앉았고, 사람들은 이제 마지막 한 사람이 도착하기를 기다렸다.

「앉은 자리에서 차렷!」

마침내 그 사람이 회의실에 들어왔고, 그는 곧바로 〈쉬어〉라고 말했다.

그는 전형적인 짠물 장군으로 유명하던 조지프 멧캐프 중장이었다. 거칠고 시가를 즐기며 냉정하고 농담이 통하지 않는 냉철한 전사라는 그의 이미지는 그저 얻어진 게 아니었다. 베트남 전쟁의 전사였으며 1983년에는 그레나다* 침공을 지휘한 군인이었다. 그는 사람들에게 위압감을 주었으며, 또 그런 자기 모습에 자부심을 느끼는 듯했다.

멧캐프는 불을 붙이지 않은 시가를 씹으면서 그래보스키에게 으르렁거리듯 말했다.

「오케이, 테드. 시작해 봐.」

「예, 알겠습니다!」

그래보스키가 브리핑을 시작했고, 나는 네이비실의 사업을 유지하는 데 필요한 비용을 요약해서 정리한 스프레드시트를 훑어보았다. 아무리 생각해도 그 사람들

* 1983년 미국이 그레나다를 침공한 사건. 서인도 제도 동남부에 위치한 독립국 그레나다를 침공하면서 미국이 내세운 명분은 자국 시민의 안전을 확보하고 민주주의와 법질서를 수호하겠다는 것이었지만, 실제로는 쿠바 및 소련과 연대한 그레나다 인민 혁명 정부를 견제하겠다는 것이 주목적이었다.

을 설득하기 어려울 것 같았다. 네이비실 예산에 추가한 모든 돈은 전투기 조종사와 수병과 잠수함 요원들에게 배정되었던 예산에서 뺀 것들이었다. 레이건 정부가 600척의 해군 계획*을 추진하던 당시에는 베트남 전쟁 시절의 정글 전투대원이 꼭 필요하다고 생각한 사람은 아무도 없었다. 소련에 맞설 핵탄두 미사일을 생산하고 배치하는 것 말고는 국방부가 반길 만한 사업이 없을 정도였다.

그래보스키가 슬라이드를 하나씩 넘기면서 설명할 때마다 멧캐프는 헛기침을 하면서 눈알을 굴렸다. 함께 있던 예산 분야 전문가들은 메모를 하면서도 연신 고개를 가로저었다. 그것은 우리가 주장하는 예산 편성이 씨알도 먹히지 않는다는 뜻이었다.

마침내 그래보스키는 브리핑을 마쳤고, 회의실 분위기는 무거운 침묵으로 가라앉았다.

시가의 마지막 1인치까지 씹어 없애던 멧캐프가 긴 테이블 앞에 서서는 이렇게 말했다.

「이봐 테드, 나도 자넬 돕고 싶네만, 정말 그 예산이 다 필요하단 건가?」

* 레이건 정부가 베트남 전쟁 이후 감축되었던 미 해군을 재건하려던 계획.

멧캐프는 입에서 꺼낸 몽땅한 시가로 화면의 그래프를 가리키면서 말을 계속 이었다.

「그러니까, 네이비실이 총을 쏜다고 해봐야 얼마나 많이 쏘겠어? 소형 잠수함 몇 척은 또 뭐야? 이게 정말 여섯 척이나 필요하단 말인가?」

비록 내가 펜타곤 경험이 처음이었지만, 예산 배정을 놓고 벌어지는 게임이 어떤 식으로 전개되는지는 나도 잘 알고 있었다. 어떤 예산안을 주장하는 사람은 자기가 요구한 숫자에서 절대로 물러나서는 안 된다는 것이 이 게임의 불문율이었다. 이와 같은 배수진의 자세는 정확하게 꼭 필요한 예산만 요구하기 위해서 다른 예산들을 최대한 줄였다는 뜻이다. 그런 노력도 없이 감히 어떻게 3성 장군 앞에 예산안을 올렸겠느냐는 암묵적인 입장 표명이었고, 그런 만큼 논의 테이블에 올려놓은 예산안에 대해서는 절대로 물러날 수 없었다.

그래보스키는 잠시 뜸을 들인 뒤 대답했다. 그런데 그 대답이 전혀 뜻밖이었다.

「예, 장군님 지적이 옳습니다. 탄약 관련 예산은 일부 줄일 수 있습니다. 그리고 저는 네이비실 대원들에게 소형 잠수함의 수를 여섯 개에서 세 개로 줄이는 방안도

적극적으로 얘기할 수 있습니다.」

그러자 회의장에 있던 민간인 예산 전문가들이 약간 놀라는 눈치였다. 그러고는 갑자기 스프레드시트를 자세히 들여다보면서 쑥덕쑥덕 의논했다. 멧캐프가 그들을 바라보자 그들은 고개를 끄덕여 보이며 찬성의 뜻을 밝혔다. 멧캐프도 고개를 끄덕였다.

「오케이. 만약 자네들이 그렇게만 할 수 있다면, 네이비실은 계속 남아서 전투를 수행할 수 있을 거야.」

그러고는 웃으면서 그래보스키와 악수를 하고 회의실에서 나갔다. 예산 전문가들도 그의 뒤를 따라서 회의실에서 빠져나갔다.

우리가 짰던 예산에서 무려 수백만 달러가 삭감되었지만, 그래보스키는 전혀 개의치 않는 눈치였다.

「대령님, 제가 첫날이라서 잘 모르긴 합니다만, 아무래도 이건 우리가 완전히 당한 것 아닙니까?」

그러자 그래보스키는 빙그레 웃었다.

「정반대야. 우리는 방금 〈L자 매복〉에서 살아남은 거야. 적을 쳐부수고 승리를 쟁취한 거지.」

「예?」

「잘 생각해 봐 빌, 감사관들은 이미 우리가 탄약 관련 예산이 없어도 살아남을 수 있음을 알고 있었고, 또 우리가 소형 잠수함 세 척이 없어도 그럭저럭 해나갈 수 있다고 예상하고 있었어. 그런데 이런 상황에서 만약 내가 너무 크게 반발했다면, 그 사람들은 우리를 도저히 믿을 수 없다고 결론을 내렸을 거야.」

그래보스키는 나더러 자리에 앉으라고 하고는 말을 이어 나갔다.

「자네가 여기 펜타곤에서 살아남으려면 반드시 따라야만 하는 룰이 하나 있어.」

나는 펜타콘의 그 비밀을 알고 싶어서 침을 삼키고 귀를 세웠다.

「거짓말을 해서도 안 되고 진실을 왜곡해서도 안 돼. 만일 그랬다가는 반드시 들키고 말아. 그렇게 되면 자네는 나에게 아무런 가치가 없는 존재가 되지. 아무도 자네를 신뢰하지 않을 테니까 말이야. 신뢰가 없다면, 우리가 하는 일에 아무런 도움이 되지도 않고.」

그는 서류를 챙기느라 잠시 말을 끊었다가 강조하며 말했다.

「이게 나의 황금률이니까, 절대로 잊지 말게.」

이후 펜타곤에서 근무한 3년 동안, 그 뒤에 해군에서

복무한 25년 동안 나는, 정직함과 신뢰 사이의 관계를 지적하는 그래보스키의 황금률을 단 한 번도 어기지 않았다. 정직함은 단지 도덕적인 올바름만을 말하는 것이 아니다. 정직함은 일종의 가치 제안이다. 만약 당신이 정직하고 사람들이 당신을 신뢰한다면, 사람들은 당신에게 커다란 일을 믿고 맡길 것이고, 자기 돈을 맡길 것이다. 또한 자기 평판을 걸고 당신을 믿을 것이고, 우정과 자기 가족과 자기 목숨을 걸고 당신을 믿을 것이다. 심지어 당신을 좋아하지 않거나 당신 의견에 동의하지 않을 때조차 그들은 당신이 정직하고 믿을 만한 사람이라고 여길 것이다.

정직함은 진정성의 초석이며, 다른 모든 인격적 요소의 토대이다. 하지만 정직함만으로는 진정성을 갖춘 사람이 될 수 없다. 진정성에는 행동이 필요하다. 진정성이 있는 사람으로 인정받으려면 도덕적 잣대를 보여 줘야 한다. 누구나 험난하고 가파르며 위험한 길과 평탄하고 편안한 길 가운데 하나를 선택해야 하는 윤리적 딜레마에 맞닥뜨린다. 한 길은 강인함을 시험하는 길이지만 다른 한 길은 편하다. 한 길은 일시적인 고난과 고통으로 가득 차 있지만 다른 한 길은 빠르고 쉽다. 하지만 궁

극적으로 볼 때 사람들이 덜 걸어갔던 좀더 어려운 길, 즉 덕망 높은 사람들이 걸었던 길을 걸어갈 때 당신은 그 여정을 통해서 한층 더 강인해지고 회복력이 높아진다. 그래서 그만큼 다른 가파른 산을 정복할 수 있는 역량이 생긴다. 반면 쉽기만 한 두 번째 길을 선택하면 나중에 힘든 과제와 맞닥뜨릴 때 쉽게 극복하지 못한다.

*

텍사스 동부 지역 출신으로 교사였던 어머니는 내가 올바른 인성을 갖추도록 평생 애쓰셨다. 내가 삶의 모범으로 삼을 수 있게끔 진정성의 위대한 행동이 드러났던 이야기를 종종 해주셨다. 특히 자주 해주셨던 이야기는 미국의 애국자이자 나중에 대통령이 되는 존 애덤스 이야기였다. 애덤스는 보스턴 학살 사건이 발생했을 때 법정에서 영국군 소속 군인들을 변호했던 인물이다.

1770년 3월 5일, 식민지 군중 300명이 소수의 붉은 외투 군대를 에워싸고 위협했다.* 긴장이 고조되자 영국군이 군중을 향해 총을 쐈고, 미국인 다섯 명이 죽었다.

* 미국 독립전쟁 당시에 영국군의 제복 색깔이 붉은색이었다.

보스턴 시민들은 분노했고 군인들을 살인 혐의로 처단하겠다고 위협했다. 재판 명령이 떨어졌지만, 누구도 피고 신분으로 재판정에 서는 영국 군인들을 위해 변호사로 나서려 들지 않았다. 그랬다가는 영국군과 한패로 몰려서 린치를 당할지도 모를 일이었다.

그러나 존 애덤스는 온갖 위협에도 불구하고, 또 개인적으로나 직업적으로 평판이 훼손될지도 모르는 상황에서 그 군인들을 변호하겠다고 용감하게 나섰다. 식민지 주민인 미국인이 자치 역량을 가지고 있음을 세상에 보여 주려면 그 군인들이 공정한 재판을 받아야 한다고 믿었기 때문이다. 결국 배심원단은 정당방위를 근거로 피고석에 섰던 영국 군인들에게 무죄 평결을 내렸다. 개인의 이익보다 정의를 우선했던 애덤스의 의지는 미국의 법 체계를 형성하는 데 한몫했고, 애덤스는 타협할 줄 모르는 진정성 있는 사람이라는 평판을 얻었다.

존 애덤스의 교훈은 나에게 효과가 있었다. 세월이 흐르는 동안에 나는 개인적인 욕심과 옳은 일이 충돌하는 상황에 자주 맞닥뜨렸고, 그때마다 어머니가 해주셨던 얘기를 떠올리곤 했는데, 내가 했던 선택들을 어머니가 흐뭇하게 여기시면 좋겠다.

진정성을 가진 사람, 즉 규칙을 따르고 법을 지키며 자기가 옳다고 여기는 바를 실천하는 사람이 되기란 쉽지 않다. 천성적으로 타고나는 집단주의 성향, 즉 다른 사람의 행동을 따라 하고 싶은 욕망이나, 다른 사람과 잘 어울리며 호감을 사고 싶은 욕망과 싸워야 하기 때문이다.

보통의 사람은 만화책에 나오는 영웅적인 주인공들과 다르다. 자기가 옳다고 여기는 바를 실천하기란 결코 쉽지 않다. 그건 우리가 〈강철 인간〉이 아니고 갑옷으로 무장하고 있지도 않기 때문이다. 우리한텐 기이한 능력도 없고, 그저 평범한 사람이기 때문이다. 인생은 종종 우리를 도저히 버틸 수 없을 것 같은 위치로 내몰고, 선과 악은 늘 충돌한다.

맞다. 진정성을 가진 사람이 되기란 쉽지 않다. 감히 말하지만, 당신은 이런 사람이 되지 못하는 모습을 자주 보일 것이다. 그리고 당신이 진정성을 유지하지 못할 때 이런 자기 모습에 화가 날 것이다. 괴로움에 잠을 이루지 못할 테고, 그러다 보면 너무 고통스러워서 다시는 그러지 않겠다고 다짐하게 될 것이다.

영웅이 되기란 쉽지 않다. 진정한 영웅을 만드는 것은 투쟁하는 행동과 어려움을 극복하는 능력이다. 그러나 당신이 아무리 어렵고 힘들게 싸우더라도 세상은 당신을 믿고, 당신을 따른다. 사람들도 당신이 스스로를 구원하도록 허락할 것이다. 물론 당신이 정직하고 신뢰할 수 있고 선한 인격과 믿음을 가지고 있음을 그 사람들이 안다면 말이다. 험난하고 가파르고 위험한 길을 두려워하지 마라. 바로 그곳에서 진정성이 넘치는 사람을 만날 것이다. **그곳에서 영웅을 볼 것이다.**

### 히 어 로  코 드

나는 진정성을 갖춘 사람이 될 것이다.
내가 내리는 모든 결정과 내가 하는 모든 행동은
도덕적이고 합법적이며 윤리적일 것이다.

# 5

## 연민

곤경에 빠진 사람을 외면하지 말라

우리 내면의 인간적인 연민이 사람들을 하나로 묶어 준다.
이는 동정심이나 생색 때문이 아니라,
우리가 공동의 고통을 미래에 대한 희망으로
바꾸는 방법을 배운 인간이기 때문이다.
— 넬슨 만델라

    회의실의 작은 플렉시글라스 창문 밖으로 무장 군인 한 명이 보초를 선 모습이 보였다. 다른 문에는 또 다른 병사가 배치되어 있었고, 식당 주변의 주요 지점마다 다섯 명에서 열 명이 더 배치되어 있었다. 아프가니스탄의 바그람 공군 기지는 매우 안전한 편이었지만, 자살 폭탄 테러는 언제든 일어날 수 있었고 기지 내부에서 테러가 발생할 가능성은 우리에게 그야말로 일상이었다. 당시 상황은 그 정도로 엄중했다.

회의실 안에는 기다란 직사각형 형태로 접이식 테이블이 배치되어 있었고, 그 위에 음식 쟁반들이 놓여 있었다. 그래서 장군 스무 명이 존 아비자이드 미 육군 중부사령부 사령관의 말을 들으며 식사할 수 있었다. 일행 중 유일하게 별 하나를 단 장군으로 계급이 가장 낮았던 나는 아비자이드 사령관이 이야기를 시작할 때 테이블의 맨 끝에 앉아 있었다. 그 자리는 임시 지휘관 회의였고, 우리는 다음 해의 전략을 놓고 막 논의를 시작하던 참이었다. 전쟁 중인 미군의 미래를 좌우할 매우 중요한 고위급 회의 자리였고, 결과에 따라서는 수많은 목숨이 오갈 수도 있었다.

나는 햄버거와 랜치 스타일의 콩 요리를 게걸스럽게 입에 욱여넣으면서 아비자이드가 말하는 모습에서 눈을 떼지 않았다. 뛰어난 지휘관이었던 아비자이드에게서는 성인 시절의 대부분을 지휘관으로 살았던 경험에서 비롯된 거만함과 자신감이 풍겼다. 그는 누가 바보 같은 짓을 하면 결코 그냥 넘기지 않았고, 겉으로는 늘 전문가의 면모를 풍겼지만 간혹 가벼운 〈허당기〉를 보이기도 했다. 그러나 그때는 상황이 심각했고, 아비자이드는 진지하게 논의를 이끌었다. 그는 긴 테이블 맨 끝의 상석에 앉아서 장교들을 한 명씩 지명해서 전체 전략 속에서 각자 자기 부대가 무슨 역할을 해야 할지 발표하게 했다.

내가 햄버거의 마지막 조각을 입에 넣을 즈음에 회의실 문이 살그머니 열리면서 아비자이드 장군의 부관이 조심스럽게 안으로 들어섰다. 장군이 중요한 얘기를 하던 중이어서 부관은 장군 옆에서 잠시 기다렸다. 마침내 말을 마친 아비자이드가 몸을 돌려 부관을 바라보았다.

「왜? 무슨 일인가?」

부관의 태도로 짐작하건대 용건이 썩 반가운 게 아닌 듯했다. 부관은 아비자이드의 귀에다 대고 뭐라고 속삭였다.

「뭐라고? 지금?」

「예, 장군님. 지금 밖에 있습니다.」

「이번에는 또 어떤 친구이길래 그래?」

부관이 다시 장군의 귀에다 대고 속삭였다.

「알았어, 들어오라고 해.」

아비자이드의 말투에는 짜증이 묻어났다.

회의실 문이 열리고 민간인 복장을 한 남자가 들어왔

다. 그는 우리를 둘러보고는 깜짝 놀랐다. 장군 계급장을 단 사람들이 방에 그렇게나 많이 있는 걸 보고 꽤나 놀란 모양이었다. 그러고는 당황한 듯 불쑥 내뱉었다.

「여기 책임자가 누굽니까? 누구에게 말하면 됩니까?」

식탁에 둘러앉은 장군들 사이에서 잠깐 동안 가벼운 웃음이 퍼졌다. 어느새 얼굴에 미소를 띤 아비자이드 장군이 대답했다.

「아마도 내가 책임자인 것 같습니다만…… 무슨 일입니까?」

「당신이 사람들이 말하는 그 대빵입니까?」

다시 한번 더 키득거리는 웃음이 번졌다.

「그렇다고 볼 수 있는데, 용건이 뭡니까?」

그 남자는 테이블 상석에 앉은 아비자이드에게 다가갔다. 어딘지 모르게 불만스러워 보였고, 그러면서도 자기 속마음을 드러내지 않으려고 애쓰는 기색이 역력했다.

「예, 나는 게리 시나이즈이고 배우입니다.」

그러자 그 자리에 있는 모든 사람이 서로의 얼굴을 바라보았다.

「게리 시나이즈…… 그게 누구지?」

그들은 오랜 기간 전쟁에만 관심을 쏟고 살았기에 자

기 직업을 배우라고 밝힌 그 남자의 이름과 얼굴을 알아
보지 못했다.

「나는 영화〈포레스트 검프〉에서 댄 테일러 중위 역을
연기했습니다.」

그러자 사람들이 고개를 끄덕였다.

「아, 그렇군. 그 배역 알지. 연기 잘했는데, 아주 잘했
어!」

「그러시군요, 시나이즈 씨, 근데 무슨 용건입니까?」

아비자이드가 물었다.

「장군님, C-130(허큘리스) 공군 수송기가 필요해서
그럽니다. 한 대만 빌려 주실 수 있습니까?」

웃음소리가 아까보다 확실히 더 크게 일었다. 아비자
이드는 미간을 살짝 찌푸리면서 물었다.

「그럴 수도 있긴 하지만…… 무엇 때문에 그게 필요합
니까?」

「아프가니스탄 어린이들에게 보낼 학용품을 열 팰릿*
쯤 가지고 있는데, 이 물건을 그 아이들에게 보내 줄 방
법이 달리 없어서 말입니다.」

아비자이드의 눈이 커다래졌다.

* 화물을 쌓는 틀이나 대(臺). 1팰릿은 지게차 한 대 분량.

「그 물품들을 어디에서 구했습니까?」

「내가 직접 샀습니다. 국제 어린이 작전*이라는 운동의 일환으로요.」

「미안합니다만, 당신이 하는 말은 그러니까…… 당신이 아프가니스탄의 어린이들에게 보내 줄 물품을 샀고, 그 물품을 보내 주려고 여기까지 왔다는 겁니까?」

시나이즈는 당황하는 눈치였다.

「예, 그렇습니다. 아이들에게는 그 학용품이 꼭 필요합니다. 그리고 내가 도움을 줄 수 있을 거라고 생각했고요.」

「우리가 지금 전쟁을 치르는 중이라는 건 아시죠? 여기는 전쟁터입니다. 민간인이 출입하기에는 전혀 안전하지 않은 곳입니다.」

시나이즈는 위장복 차림으로 앉아 있는 장군들을 한 차례 둘러본 다음에 이렇게 대답했다.

「예, 잘 압니다. 그렇지만 그 아이들에게는 학용품이 꼭 필요합니다. 그 아이들이 배움의 기회를 놓쳐 버리면, 아프가니스탄에서는 전체 인구 가운데서 한 세대가 통

* Operation International Children. 이 운동은 2004년에 게리 시나이즈가 처음 시작했다.

째로 적절한 교육을 받지 못하게 됩니다.」

어느새 사람들의 웃음소리는 미소로 바뀌었고, 아비자이드는 이렇게 대답했다.

「알겠습니다, C-130에 대해서 내가 어떻게 할 수 있을지 알아보겠습니다.」

「고맙습니다, 장군님. 그리고 방해해서 죄송합니다.」

「괜찮습니다, 시나이즈 씨, 방해가 되긴 했지만 기분 좋은 방해였습니다.」

아비자이드는 자리에서 일어나서 시나이즈와 악수를 나누고 사진을 몇 장 찍었다. 그런 다음에 시나이즈는 돌아섰다.

시나이즈가 나가고 회의실 문이 닫히자 분위기는 다시 완전히 바뀌었다.

전쟁에서는 사람들이 쉽게 지치고 황폐해진다. 불의, 고통, 스러지는 생명, 잃어버린 미래 등에 점점 더 쉽게 냉담해진다. 죽어가는 모든 영혼을 위해서 일일이 울어줄 수는 없다는 말로, 또 세상의 모든 잘못 때문에 자기에게 상처를 입힐 수는 없다는 말로 그런 냉담함을 합리화한다. 그래서 전쟁으로 인한 불편함을 내면 깊숙한 곳에 숨긴 다음, 감정의 바리케이드로 그 주변을 에워싼다.

동정과 실망의 감정이 바깥으로 드러나지 않도록 꽁꽁 싸맨다. 만일 감정의 벽에 틈이 생겼다가는 내 내면의 전사가 무력해지고 적을 물리치겠다는 단호함이 무뎌질 것이라고 생각한다. 하지만 우리는 때때로 자신의 연민과 자비와 슬픔을 굳이 숨기지 않아도 되었던 날들을 갈망하게 만드는 친절함과 자비로운 행동을 보게 된다. 선행을 베푸는 사람을 응원하고, 인류애가 담긴 사소한 행동에 미소를 짓고, 자비로운 행동을 자랑스럽게 여기는 모습들을 말이다. 게리 시나이즈가 회의실을 나가고 몇 시간 뒤, C-130은 아프간 어린이 수백 명에게 학용품을 전달하기 위해 이륙했다.

몇 년 뒤에 나는 월터리드 육군병원에 있던 우리 부상 대원을 방문했는데, 그곳에서 게리 시나이즈가 자기 딸과 함께 있는 것을 보았다. 그는 아무런 예고나 팡파르도 없이 일면식도 없던 군인들에게 선물을 주려고 그 병원에 나타난 것이었다. 그 뒤 10년 동안, 게리는 내가 가는 곳마다 군인들과 군인 가족들을 돌보는 흔적을 남겼다. 그는 자기 재단과 댄 중위 밴드Lt. Dan Band를 통해서 전쟁에서 부상당한 군인과 희생자의 가족을 도우려고 수백만 달러를 모금했다. 그의 행동을 특별하게 만드는 것은 바로 남에게 베푸는 성의와 억누르기 힘든 연민의 마음이다. 모든 악수는 우정의 끈이다. 모든 포옹은 응원의 약속이다. 모든 미소는 진심이다. 한 사람의 영향과 그의 자선과 선의의 깊은 샘은 매우 많은 사람의 인생을 바꾸어 놓았다.

*

내가 어릴 때 어머니는 노스플레이트 마을의 주민이 베풀었던 선행을 자주 이야기해 주셨다. 노스플레이트는 네브래스카의 시골에 있는 작은 마을이었는데, 제2차 세계 대전 때 태평양 연안에 있던 장병이 유럽으로 가는 수송함을 탈 수 있도록 운송하던 유니온 퍼시픽 철도의 중간 기착지이기도 했다. 그런데 어느 날엔가 한 젊은 여성이 샌드위치를 만들어서 기차에 탄 장병에게 주기 시작했다. 그녀의 친절한 행동에 사람들은 감동했고, 얼마 지나지 않아서 노스플레이트 전체가 전쟁터로 나가는 장병들에게 음식, 선물, 카드, 편지, 춤, 돈 그리고 장병들에게 도움이 될 만한 모든 것을 주기 시작했다. 그리고 4년 동안 그 마을 사람들은 600만 명이 넘는 장병에게 친절을 베풀었고, 그 장병들은 모두 노스플레이트 주민의 그 사려 깊은 행동을 기억했다. 그 친절함이 전쟁을 위한 우리의 노력에 어떤 영향을 주었을지 상상해 보라!

나는 군인으로 사는 동안에 그리고 그 뒤로도 거의 매일같이 연민의 행동을 목격했다. 2008년 파키스탄 지진 피해자들과 2013년 필리핀을 강타한 태풍 하이옌의 피해자들을 돕던 적십자 회원, 예멘에서 부상자들을 돌보던 자원봉사 의사, 콩고에서 가난한 사람들에게 음식을 제공하던 자선단체, 자기 목숨을 기꺼이 바친 영웅들을 기리며 미국 전역에서 밤을 새워 애도하는 사람들, 퇴역 군인을 워싱턴으로 무료 초청하는 행사인 〈영광의 비행 Honor Flight〉의 참가자들을 반기는 워싱턴의 승객들, 장병들부터 아프간과 이라크의 마을 주민까지 수많은 사람들이 보여 준 수많은 친절한 행동들, 허리케인 하비가 마을을 할퀴고 지나갔을 때 사회적 지위나 인종과 신념, 종교를 떠나서 보냈던 도움의 손길들……. 이 모든 행위는 크든 작든 간에 우리가 공통으로 지닌 인류애를 드러내는 것이었고, 모두가 존중받을 가치가 있다는 인식과 샘솟는 사랑을 보여 주는 징표였다.

과학적인 설명에 따르면, 남에게 무언가를 베푸는 특정한 행동을 할 때 우리 뇌에서는 행복감을 느끼게 하는 호르몬이 분비된다. 그러나 사람이 자선을 실천할 때 행복감을 느낀다는 사실을 주장하는 데 굳이 과학을 들먹일 필요가 없다. 사람은 대부분 어린 시절부터 〈받는 것보다 주는 것이 낫다〉는 사실을 잘 안다. 도대체 왜 그럴까? 왜냐하면…… 남에게 베푸는 행동은 우리의 인간성에 내재되어 있기 때문이다. 사실 어떤 사회도 개인이나 가족, 공동체나 국가 사이에 강한 유대 관계가 존재하지 않는 한 오래 살아남지 못한다. 이웃을 돕는 사람들이나 어려운 시기에 함께 뭉치는 공동체는 모두 사회 구조를 강화하는 행동을 하고, 또 그렇게 함으로써 인간이라는 생물 종의 생존을 가능하게 한다. 만약 우리가 자선과 친절, 연민의 마음을 잃어버린다면, 또 만약 우리가 다른 사람들이 당하는 고통에 무뎌진다면 우리 인간은 오래 살아남지 못하고 멸종할 것이다.

어떤 사람들은 남에게 베풀고자 하는 욕구가 특히 강하다. 이들은 다른 사람이 느끼는 고통에 공감하고, 천성적으로 배려심이 많아서 남을 잘 돌본다. 우리 모두가 그런 성향을 지닌 누군가를 알고 있다. 그러나 대부분의 사람들은 친절해지고 싶은 바람을 스스로 찾아서 일깨워야 한다. 삶이 우리를 이기적으로 만들 수 있다. 자기의 일과 재산과 평판을 우선시하도록 만들 수 있다. 또한 우리의 인격, 즉 우리를 가장 인간적으로 만들고 자기가 속한 사회에 가장 잘 들어맞게 만들어 주는 자질은 현대성이라는 덫 때문에 위축될 수 있다. 다행히도 이 덫을 피할 수 있는 길은 주변에 널려 있다. 노숙자들을 위한 1달러 기부, 무료 급식소에서 한 시간 봉사, 교회 바자회에 내놓는 음식 한 접시, 귀환 장병에게 전하는 한 번의 감사 인사, 나의 인격을 형성하고 영혼을 강화하며 바깥세상과 나를 연결하는 한 번의 작은 친절한 행동 등이 그렇다.

## 히 어 로  코 드

나는 적어도 하루에 한 번 한 사람에게만큼은
아무런 대가를 기대하지 않은 채
연민의 마음으로 친절을 베풀 것이다.

# 6

## 인내

걸을 수 없으면 기어서라도 가라

지금까지 나는, 나의 축복받은 타고난 낙천주의와
고집스러운 끈기를 이길 수 있는 것과
마주친 적이 단 한 번도 없었다.
— 소냐 소토메이어 판사

구겨진 하얀 실험실 가운을 입은 남자는 마치 영화 속
의 아인슈타인 캐릭터처럼 보였다. 길게 자란 회색빛 머
리카락은 단정하지 않았고, 면도를 얼마나 오래 하지 않
았는지 수염도 덥수룩했다. 또 뭔가 중요한 것을 깊이
생각하고 있는 듯 멍한 표정이었다.

「박사님, 박사님!」

나는 그의 집중 상태가 흐트러지도록 일부러 큰소리
로 이름을 불렀다. 그제야 그는 웃으면서 손을 내밀었다.

「오, 총장님이시네. 잘 지냈죠?」

짐 앨리슨 박사는 늘 기분이 좋아 보였고, 언제나 과학 분야에서 다음 차례의 위대한 돌파구를 놓고 곰곰이 생각하는 것 같았다. 앨리슨이 런치타임 프레젠테이션을 하기로 되어 있었는데, 그때까지 우리는 호텔 로비에서서 기다렸다. 기다리면서 나는 주변에 있던 사람들이 듣지 못하게 작은 소리로 그의 귀에 대고 속삭였다.

「죄송하지만 나쁜 소식이 있습니다.」

나는 거기에서 말을 끊고 뜸을 들였다가 말을 이었다.

「『댈러스 모닝 뉴스』에 있는 친구한테서 들었는데, 2015년 올해의 텍사스 인물로 박사님이 아닌 다른 사람을 선정했답니다. 정말 섭섭해서 어떡하죠? 박사님이 의학 분야에서 쟁쟁한 업적을 쌓았으니까, 나는 박사님이 당연히 선정될 것이라고 생각했는데…….」

「아냐, 섭섭할 것 하나도 없어요! 총장이 써준 추천서가 정말 고맙고 대단하지. 미안하긴, 천만에!」

그런데 앨리슨은 마치 생애 최초로 자기 차를 가지게 된 십 대 아이처럼 미소를 지었다.

「그런데 말이야, 윌리 넬슨* 밴드가 전화했더라고. 신문에서 자네가 쓴 추천서와 하모니카를 연주하는 나를

---

* 컨트리 음악의 전설로 불리는 텍사스 출신의 싱어송라이터.

봤다면서…….」

그의 얼굴에 아까보다 더 큰 미소가 번졌다.

「그 친구들이 무대에 함께 서자고 나를 초대했어, 연주를 함께하자는 거야.」

「우와! 끝내주는데요?」

「그렇지? 근데 총장한테 하는 얘기지만, 나 진짜 떨려 죽겠어요, 진짜로. 윌리 넬슨 밴드잖아!」

그 말을 듣는 순간 나는 속으로 웃음을 터트리고 말았다.

〈윌리 넬슨이라고? 자기는 천하의 짐 앨리슨이면서? 암 치료법을 발견한 천하의 짐 앨리슨이 윌리 넬슨 앞에서 떤다고?〉

*

제임스(짐) 패트릭 앨리슨은 1948년에 텍사스의 앨리스에서 태어났다. 위로 형이 둘 있었고 말썽꾸러기였던 그는 십 대 시절에 온갖 문제를 몰고 다녔다. 그는 고집이 셌고 권위에 도전하기를 좋아했다. 그의 아버지는 시골 의사였고 여행을 자주 갔다. 그의 어머니는 사랑이 넘치는 주부였고 아이들에게는 훌륭한 양육자였다. 그런데 어머니는 안타깝게도 짐이 열한 살이던 해에 림프종으로 사망했다. 나중에 일어나는 일이긴 하지만 그의 외삼촌 두 분도 암으로 사망한다. 이런 일련의 죽음으로 짐은 큰 상처를 받았고, 이 상실의 상처를 극복하겠다는 마음으로 암 치료법을 연구하는 힘들고 긴 여정을 걷게된다.

열여섯 살에 고등학교를 졸업한 뒤, 엘리슨은 텍사스 대학교 오스틴 캠퍼스에 진학했다. 그는 사람들이 상상하는 전형적인 과학 괴짜가 아니었다. 지역 경마장에서 파티를 벌이고 연회장에서 늘 들고 다니던 하모니카를 꺼내 연주하는 것을 무척 좋아했다. 그러나 과학은 그가 인생의 열정을 쏟은 유일한 대상이었다. 파티를 하지 않을 때 그는 늘 실험실에 있었다. 텍사스 대학교의 실험실에서 처음에 그는 바이러스를 공격하고 죽이는 인체 내 세포인 T 세포를 연구했다. 그리고 인간의 면역 체계가 암에 맞서 싸우는 데 사용될 수 있다는 발상을 했다. 그리고 오랜 세월 면역 체계와 그것이 종양에 미치는 영향을 연구하고 또 연구하면서 그 근본적인 발상을 깊이 파고들었다. 그래서 박테리아가 소아 백혈병과의 싸움에서 면역 체계를 강화하는 과정을 주제로 박사 논문을 썼다. 암세포를 공격하는 데 면역 체계를 활용한다는 발상에 대부분의 의사는 멍청한 생각이라며 콧방귀를 뀌었다. 그러나 짐 앨리슨은 그러거나 말거나 자기 길을 꿋꿋하게 걸어갔다.

〈실험실에서 내가 배운 가장 중요한 교훈은, 인내하는 것이 얼마나 중요한지 모른다는 사실이다. 실망하지 않고, 하던 일을 그냥 계속 해야 한다.〉

이것이 바로 연구자로서 그의 경력을 규정하는 태도였다.

1973년에 박사 학위를 받은 뒤, 앨리슨은 캘리포니아에 있는 스크립스 클리닉Scripps Clinic으로 갔다. 그리고 1977년에 다시 텍사스 대학교로 돌아와서 MD 앤더슨 암 센터MD Anderson Cancer Center에서 일했다. 여기에 있는 동안에 그는 T 세포가 암세포를 공격할 수단이 될 수 있다는 가설을 계속 파고들었다.

1985년에 그는 캘리포니아의 버클리 대학교로 자리를 옮겼고, 여기에서 T 세포에 수용체*가 있음을 확인했

---

* 세포의 표면 또는 세포질 내에 존재하는 분자 구조로서, 특이 물질과 선택적으로 결합하며 또 이 결합을 통해서 특이한 생리적 작용을 나타낸다.

다. 이 수용체는 마치 플랜지*나 암**과 같은 것이어서 건강한 세포와 연결되면 T 세포가 그 건강한 세포를 죽이는 것을 막아 주는 〈브레이크 메커니즘〉 역할을 한다는 사실을 확인한 것이다. 하지만 암세포들은 만만치 않았다. 서서히 은밀하게 퍼져 나가는 암세포들은 그 수용체가 어디에 있는지 정확히 알고 있었고, 또 자기를 위장해서 면역 체계가 자기를 같은 편으로 여기도록 속일 수도 있었다. 여기에서 앨리슨은 중간 결론을 내렸다. 만약 암세포가 수용체를 봉인하는 것을 (항체를 이용해서) 막을 수 있다면, T 세포가 암을 악성으로 식별하고 파괴할 수 있다고 믿었다. 그런데 관건은, T 세포가 나쁜 암세포만 골라서 파괴하고 좋은 세포는 건드리지 않도록 브레이크 메커니즘을 제어하는 방법을 찾는 일이었다.

1995년, 앨리슨은 쥐 열두 마리에 암 종양을 주입한 뒤 암세포가 T 세포 수용체를 막는 것을 저지할 항체를 주사했다. 그런데 며칠 지나 쥐의 상태를 살펴보았더니 안타깝게도 종양은 더 커져 있었다. 실망스러운 결과였다. 그는 실험이 실패했다고 생각했다. 그런데 이틀 뒤

* 관과 관, 또는 관과 다른 기계 부분을 결합할 때 쓰는 부품.
** 기계 장치에서 팔처럼 뻗어 나온 부분.

에 다시 확인해 보니 거의 모든 종양이 사라졌다. 도저히 있을 수 없는 결과였다! 다른 동료들도 그 자료를 보고 깜짝 놀랐다. 그토록 짧은 시간 안에 그토록 극적인 호전 사례를 확인했던 사람은 아무도 없었기 때문이다.

학계에서도 이 새로운 발견을 인정할 게 분명했다. 불치병으로만 여겨지던 암을 정복해서 암 환자를 완치할 수 있을 게 분명했다. 누가 봐도 확실했다.

**하지만 그렇지 않았다.**

짐 앨리슨은 자기가 발견한 사실을 세상에 알리려고 그 뒤 15년 동안 싸웠다. 학계는 그가 기대했던 것만큼 그 발견에 열렬한 호응을 보내지 않았다. 인간의 면역 체계를 이용해서 암을 치료하려 했던 그때까지의 모든 시도는 매우 제한적으로만 성공했을 뿐이다. 오히려 많은 사람이 앨리슨의 과학을 〈부두교의 미신〉이라고 믿었다. 게다가 기존의 거대 제약 회사들도 수억 달러와 오랜 기간을 쏟아부어 일련의 약품을 개발했지만 대부분 제한적인 성공에 그쳤고, 거대한 실패의 구렁텅이에 빠졌었다. 그런 사정이 있다 보니 짐 앨리슨은 가는 곳마다 거절당했다.

〈우리는 당신에게 연구 자금을 제공하지 않겠습니다.〉

〈당신이 진행하는 임상 실험에 몇 년이라는 시간을 투자할 여유가 없습니다.〉

〈당신이 주장하는 과학에 충분히 강력한 근거가 있다고 생각하지 않습니다.〉

〈우리가 거절하는 이유를 당신은 정말 모르겠습니까?〉

그러나 그는 과학을 믿었다.

짐 앨리슨은 자기 치료법을 시장에 내놓는 일에 매달렸다. 그러면서 이렇게 말했다.

「거대하고 파괴적인 변화에는 외골수의 정신이 필요하다는 게 내 생각이다.」

그가 지닌 끈질긴 인내심, 즉 자신이 맞닥뜨린 모든 시련을 참고 돌파하는 역량이 바로 성공과 실패를 갈랐던 결정적인 변수였다.

그러다가 마침내 제약사 브리스톨 마이어스 스퀴브가 인간을 대상으로 하는 그의 임상 실험에 자금을 지원하겠다고 나섰다. 그가 몇 년 동안 고군분투한 끝에 얻은 결과였다. 그의 초기 임상 실험 가운데 하나는 흑색종으로 투병 중이던 스물세 살의 젊은 여성을 대상으로 했다. 암이 그녀의 간과 뇌까지 전이되어 있던 상태였다. 임상 실험을 하기 전에 이 환자는 뇌종양 치료를 위해서 세 가지 형태의 화학 치료와 방사선 치료를 받았었다. 그러나 그 어떤 치료도 효과가 없었다. 환자의 몸은 쇠약해졌고 예후는 암울했다. 2006년, 이 환자에게 앨리슨의 실험용 약물이 투여되었다. 며칠이 지나자 환자의 상태가 나아지기 시작했고, 단 한 주 만에 종양이 사라졌음이 뇌 스캔 영상으로 확인되었다. 뇌종양이 말끔히 사라져 버렸다! 그리고 그로부터 14년이 지난 지금도 그녀의 몸에는 암세포가 없다.

2011년 미국 식품 의약국FDA은 앨리슨의 이필리무맙 Ipilimumab 약물을 암 치료제로 승인했다. 그 뒤로 백만 명이 넘는 환자가 이 약을 처방받았다. 물론 모든 환자가 완치되지는 않지만, 시한부 삶을 선고받았던 수십만 명의 암 환자가 목숨을 구했다. 짐 앨리슨이 끝까지 포기하지 않았던 덕분이었다.

다시 한번 반복하겠다. **수십만 명의 암 환자가 목숨을 구했다!** 그의 인내가 결실을 맺은 것이다.

2017년에 짐 앨리슨은 「오스틴 시티 리미츠」* 무대에 올랐다. 무대에 오른 그는 뒷주머니에서 하모니카를 꺼내서 윌리 넬슨 밴드와 함께 「내가 죽으면 나를 담배처

* Austin City Limits. 미국의 텔레비전 음악 프로그램.

럼 말아서 피워 줘Roll Me Up and Smoke Me When I Die」를 연주했다. 그리고 그로부터 열두 달 뒤에는 스웨덴의 스톡홀름에 마련된 또 다른 무대에 올라 노벨 의학상을 받았다.

성공이 단지 두뇌나 단련, 재능이나 지성, 혹은 기술이나 지략으로 판가름 나는 게 아니라 인내로 판가름 난다는 것을 역사가 보여 줄 것이라고 나는 믿는다. 단호한 결심이 없는 천재는 멋진 생각을 하는 그저 지나가는 사람일 뿐이다. 단호한 결심이 없는 운동 천재는 재능을 낭비하는 또 한 명의 가여운 사람일 뿐이다. 이 세상에는 자기가 가졌던 꿈을 포기했기 때문에 그저 평범하게 살아가는 사람들로 가득 차 있다. 이 사람들에게는 무슨 일이 있어도 끝까지 밀고 나갈 배짱과 결단과 의지가 없었기 때문이다. 그러나 역사에는 시련을 이겨 내고 인내하여 끝내 성과를 거두고 변화를 일으킨 영웅들이 수없이 많다.

조지 워싱턴은 전투에서 진 적이 이긴 적보다 많았다. 에이브러햄 링컨은 대통령이 되기 전에 선거에서 여덟 번이나 졌다. 토머스 에디슨은 전구를 발명하기 전까지 만 번이나 실패했다. 헨리 포드는 두 차례나 창업했다가 실패한 끝에 마침내 성공을 거두었다. J. K. 롤링은 「해리포터」시리즈의 첫 번째 책이 출간되기 전에는 가난에 허덕였고, 오프라 윈프리는 이루 말할 수 없을 정도로 어렵고 힘든 어린 시절을 보냈다. 마틴 루서 킹이 했던 유명한 말이 있다.

〈날 수 없으면, 뛰어라. 뛸 수 없으면 걸어라. 걸을 수 없으면 기어서라도 가라. 무슨 수를 쓰든 계속 앞으로 나아가라.〉

\*

사람들이 나에게 자주 하는 질문이 있다. 네이비실 훈련을 수료하려면 어떤 것이 필요하느냐는 질문이다. 많은 젊은 해군은 팔굽혀펴기를 몇 개나 하느냐 혹은 달리기나 수영 기록이 얼마나 되느냐 하는 것만 생각한다. 하지만 이런 것들은 전혀 중요하지 않다. 미국에서 최고의 운동선수로 꼽히는 사람들이 네이비실 훈련 첫 주에 낙오한다. 반면 신체적인 재능이 뛰어나지 않는 사람이 훈련 과정에서 좋은 성적을 거둔다. 나는 지금까지 이런 모습을 줄곧 보아 왔다. 왜 그럴까? 답은 간단하다. 네이비실 훈련을 수료하는 비법은 바로 도중에 그만두지 않는 것이다. 끝까지 참고 계속하다 보면 언젠가는 끝이 난다.

그럼 어떻게 하면 참고 견딜 수 있을까? 네이비실 훈련소에서 흔히 하는 말이 있다. 〈한 번에 조금씩만 나아지면 된다.〉 장차 〈유능한 수중 침투요원diveman〉이 될 훈련병이지만 처음 훈련소에서는 〈올챙이〉로 시작한다. 그러나 그 목표에 도달하기 위해서는 반드시 **조금씩 나아져야** 한다. 조금씩 나아지는 이 진화는 개인적인 차원의 사건이다. 장거리 구보나 바다 수영이나 장시간의 신체 훈련에는 고통과 탈진과 빈번한 실패가 뒤따르기 마련이다. 그러나 너무 멀리까지 내다보는 훈련병은 종종 자기가 감당할 수 없는 고통을 견뎌야 할지 모른다고 두려워한다. 만약 이 훈련병이 자기 앞에 놓인 미래를 끝없이 이어지는 장애물로만 바라본다면, 그가 맞닥뜨려야 하는 도전은 도저히 이겨 낼 수 없는 대상처럼 보일 것이다. 그러나 다음 차례, 다음 날, 다음 달, 다음 해를 미리 걱정하지 않고 지금 당장 넘어야 할 장애물에만 초점을 맞추면, 넘어선 장애물은 하나가 되고 둘이 되고 셋이 되며, 결국 그러다 보면 모든 장애물을 뛰어넘게

된다. 그렇게 임무가 완료되고, 전체 훈련 과정도 끝이
난다.

　때로 인생은 복잡해지기도 한다. 그러나 당신이 맞닥
뜨리는 도전은 수십억 명이나 되는 사람들이 역사 속에
서 맞닥뜨렸던 것과 같다. 개인적인 차원의 장애물이든
직업적인 차원의 장애물이든 간에 자기 앞에 놓인 장애
물을 극복하는 사람들에게는 한 가지 공통점이 있다. 그
것은 바로 절대로 포기하지 않는다는 점이다. **당신도 절
대로 포기하지 마라!**

### 히 어 로　코 드

나는 나와 나의 가족에게, 또 나의 조국과 신념에
중요한 것이라면 절대로 포기하지 않을 것이다.
나는 인내할 것이다.

# 7

## 의무

못 하나가 왕궁을 무너뜨린다

나는 위대하고 고귀한 과제를 수행하고 싶다.
그러나 작은 과제들을 마치 위대하고 고귀한 과제인
것처럼 수행하는 것이 나의 주된 의무이다.
— 헬렌 켈러

사무실 문의 무거운 황동 명패에는 〈애리조나주 상원
의원 존 매케인〉이라고 적혀 있었다. 나는 드레스 블루
해군 정복의 매무새와 넥타이를 단정하게 손본 다음 문
을 열고 안으로 들어섰다. 책상 뒤에 앉아 있던 젊은 직
원이 나를 맞았다. 나에게 자리를 권한 뒤에 그 직원은
상원의원에게 가서 내가 왔다고 알렸다. 나는 작은 대기
실에 놓여 있던 의자 세 개 가운데 하나를 골라 앉았다.

매케인의 사무실은 그날 나의 첫 번째 방문지였다. 그
때 나는 해군 대장 진급 및 미국 특수전사령부 사령관

임명을 추천받은 상태였다. 이 두 가지가 실제 현실에서 이루어지려면 상원의 승인 절차가 필요했다. 즉 인사 청문회를 거쳐야 했다. 그 청문회를 앞두고 주요 상원의원들을 만나서 내가 어떤 사람인지 미리 소개하고 인사하는 것이 그날 내가 할 일이었다.

잠시 후, 매케인이 들어와서 함박웃음을 지으며 따뜻한 손을 내밀었다. 그리고 나를 자기 사무실로 데리고 들어갔다. 우리는 커피 테이블에 마주앉았다. 문득 그가 모아 놓은 기념품들이 눈에 들어왔다. 전 세계의 지도자들과 찍은 사진, 그의 리더십을 인용하는 신문 기사, 그의 얼굴이 표지에 실린 잡지, 그리고 여러 전함과 잠수함에서 받은 해군 기념패 등이었다. 그런데 사진 한 장이 책상 구석에 놓여 있었다. 젊은 시절의 존 매케인 소령이었다. 내 시선은 그 사진에 고정되었다. 내 맞은편에 있는 남자는 그저 한 명의 미국 상원의원이 아니라 그보다 훨씬 큰 의미를 지닌 사람임을 일깨우는 사진이었다. 아닌 게 아니라 그는 미국의 영웅이었고, 조국에 대한 의무를 실천한 산증인이었다.

*

존 매케인은 1936년에 태어났으며, 그의 아버지와 할아버지는 모두 해군 대장이었다. 그의 할아버지 존 S. 매케인 시니어는 제2차 세계 대전 가운데에서 가장 역사적인 작전들이 수행되는 동안에 항공모함 기동부대를 지휘했고, 그의 아버지 존 S. 매케인 주니어는 베트남 전쟁 때 태평양 사령부의 사령관이었다. 삼대에 걸쳐 세 사람은 모두 미국 해군사관학교 출신이었다.

1967년, 매케인은 미 해군 항공모함 포레스탈호를 타고 베트남 전쟁에 파병되었다. 그런데 그해 7월 29일 이 항공모함에서 화재가 발생했고,* A-4 스카이호크 조종석에 있던 매케인은 불길 속에 갇혔다. 그는 비행기에서 뛰어내려 가까스로 위험에서 벗어났지만, 곧바로 아직 불길에 휩싸인 비행기에서 빠져나오지 못하고 있던 동료 조종사를 구하러 달려갔다. 그가 동료를 안전하게 바닥으로 끌어내리려고 애쓸 때 옆에 있던 제트기에 탑재되었던 폭탄이 폭발했고, 파편이 매케인의 두 다리와 가슴에 박혔다. 그 화재가 완전히 진압되기까지는 24시간이 넘게 걸렸다. 당시에 이 화재로 134명이 사망했는데, 이

---

* 당시 이 화재는 F-4 팬텀 전투기에 탑재된 로켓탄이 오발되면서 적재된 폭탄이 연쇄 폭발해서 일어났다.

화재는 미 해군 역사상 최악의 화재였다. 그러나 재앙 속에서 자주 나타나는 일인데, 당시에도 용맹함과 영웅주의는 어김없이 활짝 꽃을 피웠다.

매케인은 부상에서 회복한 뒤에 곧바로 베트남 파병 명단에 자기 이름을 넣어 달라고 요청했다. 이렇게 해서 그는 미 해군 함정 오리스카니호에 탔다. 1967년 10월 26일, 그는 A-4 제트기를 타고 하노이 공습 임무를 스물세 번째 수행하던 중에 적의 대공포에 피격되었다. 비행기가 통제 불능 상태가 되자 그는 비상 탈출 핸들을 잡아당겼고, 그 순간 그의 몸은 비행기에서 고속으로 튕겨 나갔다. 이때의 충격으로 그는 두 팔이 부러지고 한쪽 다리가 골절되었으며, 이런 몸으로 호수에 떨어졌다. 성난 베트남 주민들은 익사 직전이던 그를 호수에서 건져 올린 다음에 몽둥이로 때리고 대검으로 발을 찍었다. 마침내 그는 북베트남군에게 인계되었고, 그다음에는 〈하노이 힐튼Hanoi Hilton〉이라는 별명으로 악명 높던 포로수용소에 수감되었다.

그 뒤 몇 달 동안 매케인은 심문과 고문을 당했으며, 치료는 거의 받지 못했다. 그리고 다시 다른 수용소로 옮겨진 뒤 독방에 갇혔다. 도저히 살아남을 수 없는 상황이었다. 그런데 북베트남군이 그가 미국 해군 장성의 아들임을 알고는 그를 선전전과 협상에 이용하기로 마음먹었다. 그들은 매케인을 포로수용소에서 조기 석방하겠다고 제안했다. 이렇게 함으로써, 해군 제독의 아들이라는 특권을 가진 사람은 특별대우를 받는다는 사실을 그의 동료 포로와 전 세계에 선전하려고 했던 것이다. 이 석방이 이루어진다고 해도 과연 누가 매케인을 비난할 수 있을까? 포로수용소에 도착한 뒤로 끊임없이 구타당했는데, 드디어 집으로 가족의 품으로 안락한 일상으로 돌아갈 기회가 주어진 그를 누가 비난했겠느냔 말이다. 그러나 존 매케인 중령은 동료 포로와 조국을 위해서 자기가 지켜야 하는 의무가 무엇인지 잘 알고 있었다. 미군 행동 수칙 제3조는 〈나는 적군으로부터 가석방이나 특혜를 받지 않을 것이다〉이다.

매케인은 송환을 거부했다. 행동 수칙을 깨지 않겠다고 한 것이었다. 동료 포로를 버리고 혼자 살아 나가지 않겠다고 한 것이다.

〈나는 나의 의무를 끝까지 지키겠다!〉

매케인은 석방을 거부했고, 이 행동은 다른 포로들에게 영감을 주었다. 미군 행동 수칙에 도덕적인 신뢰를 부여했으며, 그때까지 포로로 잡힌 모든 미군의 자긍심을 드높였다. 이런 매케인의 행동에 북베트남군은 당연히 분노했고, 그 뒤로 1년 동안 그는 매주 고문을 당했다. 그리고 마침내 5년 뒤인 1973년 3월, 매케인과 그의 동료 포로들은 석방되었다.

*

다시 매케인 상원의원의 사무실로 돌아가 보자.

매케인과 나는 해군에서 보냈던 일화를 가지고 이야기를 나누면서 함께 웃었다. 나는 이라크와 아프가니스탄에 파병되었을 때의 이야기를 들려줬고, 그는 해군 조종사 시절의 재미있는 이야기를 들려주었다. 세대는 달랐지만 우리 둘은 공통점이 많았다. 대화를 나누는 내내 그는 자상하고 재미있었다. 때로는 엉뚱한 말을 한다는 느낌도 들었지만, 그가 군 복무를 한 사람들에게 변함없는 감사의 마음을 가지고 있다는 사실만큼은 분명해 보였다. 이제 그만 자리에서 일어날 시간이 되었고, 우리는 악수를 나누었다. 그런데 그는 내 손을 한동안 놓지 않고 계속 잡고 있었다. 그러면서 이렇게 말했다.

「당신이 지금까지 해왔던 일들에 무슨 말로 감사를 해야 할지 모르겠네요.」

그 말을 듣는 순간 뭐라고 대답해야 할지 얼른 생각이 나지 않았다. 그는 지옥에서 살아 돌아온 사람이었다. 국가에 대한 의무를 다한다는 것이 어떤 일인지 온 세상에 생생하게 보여 줬던 사람이, **그렇게나 위대한 사람이 나에게 고맙다는 말을 하다니**……. 나는 그 순간을, 그리고 그토록 멋진 사람이 보여 준 겸손함을 그 뒤로 결코 잊지 않았다. 다음 날, 나는 상원 군사위원회의 승인 절차를 거쳐서 미국 특수전사령부 사령관이라는 새로운 보직을 확정받았다. 그 뒤로 3년 동안 나는 매케인을 여러 번 보았다. 그 가운데 몇 번은 상원 군사위원회 자리였는데, 이 자리에서 그는 상원과 미국 국민에 대한 자기의 의무를 다시 또 분명하게 지켰다.

*

자기 의무를 다하는 데는 존 매케인이 보여 주었던 것과 같은 희생과 용맹함이 반드시 필요한 것은 아니다. 여러 해 전에 나는 아프가니스탄에서 복무했는데, 그때

오바마 대통령이 아프가니스탄 대통령 하미드 카르자이를 만나려고 깜짝 방문했다. 에어포스 원*이 바그람 공군기지에 착륙했지만, 바그람과 수도 카불 사이에 갑자기 기상이 악화되어 대통령의 발이 묶였다. 그날 저녁 나는 자기에게 주어진 의무를 수행하는 행위에 담긴 가치가 얼마나 중요한지 일깨우는 또 하나의 강력한 교훈을 얻었다.

*

「장군님, 헬기 조종사들 말로는 임무 수행이 불가능하다고 합니다. 이곳 바그람과 카불 사이에는 가시거리가 약 30미터 정도밖에 되지 않는데, 이런 기상 조건에서 대통령 각하를 위험하게 모실 수는 없다고 합니다.」

보고를 받고 나는 이렇게 대답했다.

「알겠네, 조종사들을 나무랄 순 없지.」

「네, 알겠습니다. 그렇다면 대통령 각하를 이제 어떻게 합니까? 앞으로 여섯 시간 동안은 꼼짝없이 바그람에 갇혀 계셔야 하는데.」

* 미국 대통령의 전용기.

「그건 사단장님이 책임지셔야 할 일이지. 대통령님을 바쁘게 할 무언가를 찾아내실 거야.」

작전 일정을 확인해 보니 나는 다음 임무까지 두 시간 동안은 통제선 바깥으로 나가지 않는 것으로 되어 있었다.

「난 한 시간 동안 체육관에 가 있을 테니까 변동 사항이 있으면 알려 줘.」

「알겠습니다, 동선 숙지하겠습니다.」

나는 합동작전본부에서 빠져나와 운동복으로 갈아입은 뒤 체육관까지 구보로 이동했다. 그리고 러닝머신에 올랐다. 그런데 러닝머신에 오르자마자 젊은 부사관이 체육관으로 뛰어 들어왔다.

「방금 사단으로부터 연락을 받았는데, 지금 당장 비행장으로 와서 대통령님께 우리의 아프간 작전 계획을 브리핑하라고 합니다.」

「뭐야? 지금?」

「예, 그렇습니다. 브리핑은 20분 뒤에 시작되는 것으로 일정을 잡았답니다.」

「20분?!」

나는 시계를 보면서 부사관에게 지시했다.

「알았어, 스미스 소령에게 작전 요약서 다섯 부를 인

쇄하라고 해. 옷 갈아입고 갈 테니 5분 뒤에 합동작전본부에서 보자. 보안대원들을 이동 준비시키고.」

나는 체육관에서 서둘러 나온 뒤 내 방으로 가서 옷을 갈아입고 합동작전본부로 달렸다. 시계를 보니 아직 15분이나 남았고, 비행장까지 가기에는 넉넉했다. 비행장까지 거리는 약 460미터였는데, 그 구간을 자동차로 이동하므로 늦을 일은 없었다.

호송 차량 석 대가 내 본부 건물 앞에 정차할 때, 주임원사이던 피트 말로가 두 번째 차의 왼쪽 뒷좌석으로 뛰어올랐고, 나는 조수석 뒷자리에서 늘 하던 자세를 취했다. 그때 시간을 다시 확인하니 아직 10분이라는 시간이 남아 있었다.

「자, 출발!」

말로는 내가 늦을지 몰라 초조해한다는 걸 알고서 운전병을 재촉했다.

차가 움직이기 시작했고, 우리는 부대 바깥으로 나갔다. 예상대로 큰길에는 통행 차량이 없었다. 멀리 비행장의 불빛이 낮게 드리워진 구름을 비추며 기묘한 느낌의 노란색 빛을 뿜어내고 있었다. 그렇게 몇백 미터를 달렸을 때 선두에 있던 차가 급하게 좌회전해서 비행장

후문으로 향했다. 아직 8분이라는 시간이 남아 있었다.

후문 앞에는 젊은 여성 공군 이등병이 서 있었다. 우리 차가 다가가자 여군은 손을 들어 정차 지시를 했다. 전투복 차림에 몸에 맞지 않는 케블라 헬멧과 지나치게 커 보이는 방탄복에 M4 돌격소총을 소지한 그녀는 아무리 봐도 비행장 후문을 지키는 통상적인 경비병처럼은 보이지 않았다.

선두 차량이 정차하자 육군 병장인 보안대원이 차에서 뛰어내려 그 여군에게 다가갔다. 나는 시계를 다시 보았다. 이제 6분밖에 남지 않았다.

내 시야에 젊은 공군 쪽으로 몸을 숙인 병장의 당당한 체구가 들어왔다. 병장은 몸집이 작은 그녀를 위에서 아래로 내려보면서 한 팔로 비행장을 가리키며 고함을 질렀다. 그러다가 나중에는 자기 시계를 두드려 보였고, 계속해서 소리를 질렀다. 이제 병장은 두 팔을 마구 흔들어 댔고, 또다시 자기 시계를 공군 이등병에게 보이며 두드렸다. 그래도 그 여군은 꼼짝도 하지 않았다. 그래도 나는 아직 시간이 있다고 생각했다. 우리가 있던 곳에서 격납고는 바로 코앞이었으니까 말이다.

잠시 뒤 병장은 내가 탄 차로 다가왔고, 말로가 창문

을 내렸다. 그러자 병장은 화가 나서 이빨을 꽉 물며 말했다.

「못 들여보내 주겠답니다. 자기에게는 그런 권한이 없답니다. 그래서 최대한 빠르게 권한을 요청하라고 했습니다! 지금 당장 미국 대통령 각하께 브리핑해야 한다는 말도 했습니다!」

그러자 말로가 나를 바라보며 말했다.

「제가 나가서 얘기해 보겠습니다.」

시계를 보니, 잘하면 아슬아슬하게 시간을 맞출 수 있을 것 같았다.

말로가 차에서 내려 이등병에게 천천히 다가갔다. 말로가 이등병에게 하는 말은 내 귀에도 들렸다. 차분하고 침착한 목소리였다. 말로는, 〈지금 최고통수권자인 미국 대통령이 브리핑을 요청해서 3성 장군을 모시고 브리핑을 하러 가는 길이다. 제발 우리를 안으로 들어가게 해 달라. 나중에 그대의 상관에게 상황을 설명해서 그대가 적절한 조치를 취했다고 말해 주겠다〉고 했다.

그래도 소용없었다. 여군은 요지부동이었다.

얼마 뒤에 다시 고함소리가 들렸다. 두 손을 흔들어 댔고, 시계를 두들겼고…… 어쩔 수 없이 내가 차에서 내렸다.

말로가 다가와서 말했다.

「말을 안 듣습니다. 이 문을 지키는 것이 자기 책임인데, 아무도 지나가지 못하게 하라고 지시를 받았다는 말만 반복합니다.」

「오케이, 내가 가서 한번 말해 보지.」

나는 젊은 병사에게 다가갔다. 둘 사이의 거리가 가까워질수록 여군의 눈에서 두려움이 선명하게 읽혔다. 물론 내 셔츠의 가슴팍과 모자에 붙어 있는 별 세 개가 그녀의 눈에 똑똑하게 잘 보였을 것이다. 나는 그녀의 제복에 붙은 이름표를 보고 말을 걸었다.

「굿 이브닝, 잭슨 이등병. 괜찮은가?」

「예, 괜찮습니다!」

여군은 차려 자세를 취하며 대답했다.

「이미 들어서 알고 있겠지만, 나는 지금 당장 대통령 각하께 브리핑을 하기로 되어 있다. 그리고 지금, 까딱하다간 늦을 수도 있다.」

「예!」

여군은 조금 흔들리는 눈치였지만, 평정심을 유지하려고 애쓰는 모습이 역력했다.

「이보게, 이등병. 내가 테러리스트가 아님은 귀관도 알지 않나? 난 탈레반이 아니야. 나는 지금 당장 대통령 전용기에 올라가서 각하를 만나야 하는 미국 해군 지휘관이란 말이다.」

「예, 알고 있습니다.」

여군은 자세를 한층 더 꼿꼿하게 세우고는 내 눈을 똑바로 바라보며 말했다.

「장군님이 하셔야 할 일이 있다는 건 알지만, 저도 해야 할 일이 있습니다. 저는 이 문을 지킬 책임을 지고 있습니다. 제가 받은 명령은 명확합니다. 그 누구도 승인 없이 이 문을 통과해서는 안 된다는 것입니다. 그런데 장군님은…….」

거기에서 그녀의 목소리는 떨렸다.

「장군님은 승인을 받지 않았습니다.」

다시 시계를 보았다. 이미 늦어 버렸다. 대통령은 내가 왜 아직 안 오나 하고 고개를 갸웃거릴 게 분명했다.

「승인을 받을 수 있는가?」

나는 침착하게 물었다.

「장군님, 제가 알아보고 있습니다만, 제 상관인 부사관이 허락하기 전까지는 통과시켜 드릴 수 없습니다.」

「오케이, 이등병. 잘 알았네. 그렇다면 언제 들어갈 수 있는지만 알려 주게.」

나는 그 젊은 여군의 눈을 똑바로 바라보았다. 그 어떤 것도 그 군인을 움직일 수는 없었다.

그렇게 그 자리에서 몇 분을 더 기다리면서 대통령에게 뭐라고 변명해야 할지 생각했다. 그리고 마침내 그 여군은 선두 차량에게 다가가서 승인을 받았다며 통과 신호를 했다. 그리고 내 차가 지나갈 때는 차려 자세로 경례를 했다.

그 뒤에 나는 한 시간 동안 대통령과 수행단에게 아프가니스탄, 이라크, 예멘 그리고 소말리아 등지에서 진행되는 특수작전 임무를 브리핑했다. 대통령은 왜 늦었는지 물어보지 않았고, 나도 따로 해명하지 않았다.

브리핑을 마친 뒤에 우리는 차를 타고 본부로 향했다. 후문을 지날 때 좀 전의 그 젊은 여군 이등병이 보였다. 여전히 근무 중인 모양이었다. 나는 운전병에게 차를 세우라고 했고, 차에서 내려 그녀에게 다가갔다. 그녀는 차려 자세를 취했다. 나는 큰 소리로 이렇게 말했다.

「잭슨 이등병. 미국 대통령 각하에게 보고하기로 한 약속에서 내가 10분이나 늦었다는 사실을 알고 있나?

10분이나 늦었단 말이야!」

그녀는 아무 말도 하지 않았다.

「내가 늦은 건 자네가 나를 통과시키지 않았기 때문이다. 내가 데리고 다니는 병장이 요청했는데도 거부했고, 나의 주임원사가 요청했는데도 거부했어. 심지어 내가 요청해도 거부했잖아. 3성 장군인 내 말을 이등병인 자네가 무시했단 말이야!」

「예, 알고 있습니다.」

그녀는 시선을 아래로 향한 채로 그렇게만 말했다.

그러나 내 얼굴에서는 나도 모르게 미소가 피어나고 있었다. 나는 주머니에서 사령부 챌린지 코인Command Challenge Coin을 꺼냈다. 특별한 성과를 낸 군인에게만 주는 코인이었다. 나는 그 코인을 잭슨 이등병의 오른손에 쥐어 주었다.

「잘했네, 자네는 자네가 해야 할 일을 정확하게 수행했어. 내 휘하에서 일하고 싶으면 언제든지 그래도 되네.」

그녀는 코인을 한 번 내려다보더니 나를 바라보았고 다시 코인을 내려다보며 미소를 지었다.

「저는 제 의무를 다했을 뿐입니다, 장군님.」

「바로 그거야.」

*

　미군의 일반 명령* 제1호는 미군의 토대이다. 문구가
말하는 내용도 중요하지만, 이것이 담고 있는 뜻이야말
로 잘 사는 삶과 건강한 사회의 관건이다. 그 1호 명령은
다음과 같다. 〈나는 나의 구역post과 그 범위 안에 있는
모든 정부 재산을 책임질 것이다.〉 이것은 내가 하는 조
치와 내 주변에 영향을 미치는 행동에 본인이 책임을 진
다는 뜻이다. 잭슨 이등병은 자기가 맡았던 후문을 책임
졌다. 그녀는 명령을 맹목적으로 따른 게 아니다. 그녀
는 자기가 그 명령을 따르지 않을 때 대통령의 안전이
위험해질 수 있음을 잘 알았다. 공군 기지 어딘가에서는
하사 한 사람이 이등병이나 일등병 여러 명을 책임지고
있었다. 다른 곳에서는 대위 한 사람이 하사 여러 명을,
대령 한 사람이 대위 여러 명을, 장군 한 사람이 대령 여
러 명을 책임졌다. 모든 사람이 자기에게 주어진 책임을

　＊　General Order. 부대 편제와 전 장병 및 군무원의 신상에 미치는 행정 조
치 사항을 수록한 명령.

다했기에 대통령의 안전한 방문이 가능했다. 일반 명령 제1호는 나의 의무, 즉 나와 함께하는 사람과 나를 위해 일하는 사람, 그리고 내 일을 통해 내가 섬기는 사람에 대한 책임을 규정하는 내용이다.

*

나는 긴 군 경력 동안 훌륭한 청년들이 우리가 상상할 수 있는 모든 조건 아래서 자기에게 주어진 책임을 자기 단계에 맞게 수행하는 모습을 지켜보았다. 한번은 이런 일도 있었다. 본인이 하는 일이 중요하지 않다고 생각했던 열아홉 살 행정 직원이었는데, 이 직원은 자기가 하는 일(즉, 참전용사의 급여를 신청하는 일)은 날마다 통제선 바깥의 전투 현장으로 달려 나가는 전사들이 하는 일과 감히 비교될 수 없다고 생각했다. 그러나 이런 생각은, 어느 날 전사한 군인의 아내가 고맙다면서 보내준 편지를 받은 뒤에 바뀌었다. 자기가 하는 일이 평범해 보이지만 실제로는 정말 중요했다는 사실을 깨달은 것이다. 추수감사절 메뉴에 올릴 칠면조를 구하기 위해 이틀을 꼬박 정신없이 뛰어다녔던 육군 보급 하사가 하는 일도 그렇고, 몇 달 동안 전투식량으로만 허기를 달래느라 진짜 음식이라고는 구경도 하지 못하면서 특수대원이 수행했던 일이 그렇다. 또 아프가니스탄의 칸다하르에 있던 병원 주변으로 적의 로켓 포탄이 떨어지기 시작할 때 수술실에 환자를 놔두고 대피할 수 없다고 했던 공군 간호사도 있었다. 나는 이 사람들을 생생하게 기억한다. 또 있다. 나의 동료 네이비실 대원 두 명을 구출하려고 맹렬한 총격전이 벌어지는 현장 상공으로 목숨을 걸고 부상자 수송 헬기를 띄운 조종사들을 잊을 수 없다. 이라크 라마디에서는 두 명의 해병대원이 사제 폭탄을 장착한 대형 차량이 초소로 돌진할 때 도망치지 않고 자리를 지켰다. 두 대원은 자기에게 주어진 의무를 다해서 150명이나 되는 이라크인과 미국인의 생명을 구했다. 또, 사람들이 안전하게 살 수 있도록 자기 의무를 다했던 수백 명의 외무 공무원과 정보 분야 전문가 그리고 경찰들을 나는 기억한다.

옛말에 이런 것이 있다.

〈못 하나가 없어서 말발굽의 편자를 잃어버렸다. 이 편자가 없어서 말 한 마리를 잃어버렸다. 말 한 마리가 없어서 기사 한 명을 잃어버렸다. 기사 한 명이 없어서,

전투에서 패배했다. 그 전투에 패배해서 왕국 하나가 무너졌다. 그러니까 그 왕국은 결국 못 하나가 없어서 멸망했다.〉

이 옛말을 여러 가지로 해석할 수 있겠지만, 나는 이것을 자기에게 주어진 의무를 충실하게 이행하라는 뜻으로 해석한다. 만약 대장장이가 자기 의무를 다해서 말발굽에 못을 제대로 박기만 했어도 그 왕국은 멸망하지 않았을 것이다. 행정 직원이 서류를 제대로 작성하지 않거나, 보급 부대의 하사가 음식 재료를 제대로 보내주지 않거나, 간호사나 조종사나 해병대원이 자기에게 주어진 의무를 다하지 않을 때 왕국은 곧바로 항상 위험해진다.

의무라는 발상은 매우 단순한 것이다. 누구든 사람에게는 자기가 해야 하는 일이 있다. 식당에서 서빙하는 일일 수도 있고, 가족을 돌보는 일일 수도 있고, 어린아이를 가르치는 일일 수도 있고, 도시의 치안을 책임지는 일일 수도 있고, 병자와 노약자를 돌보는 일일 수도 있고, 공군 기지의 후문을 지키는 일일 수도 있고, 군사 행동 수칙을 따르는 일일 수도 있고, 한 나라를 이끄는 일일 수도 있다. 그러나 어떤 의무든 간에 자기 역량을 최대한 발휘해서 그 의무를 수행해야 한다. 자기에게 이익이 되기 때문이 아니라 다른 사람들에게 이익이 되기 때문에, 우리는 자기에게 주어진 일을 제대로 수행해야 한다. 우리는 이 세상에 혼자 살지 않는다. 의무를 다한다는 것은 자기가 주변의 동료들에게 어떤 책임을 지고 있음을 인식하는 것이다. 그것은 크든 작든 인류의 복지에 기여하는 이타적인 행동이다. 그렇기 때문에 의무를 다하는 행위는 위대하고도 강력한 힘을 발휘한다. **영웅이 되는 방법은 어렵지 않다. 그저 자기에게 주어진 의무를 다하기만 하면 된다!**

### 히 어 로  코 드

---

나에게 어떤 일이 주어지든,

나에게 어떤 의무가 부여되든,

나는 내 모든 역량을 동원해서 그것을 해낼 것이다.

## 희망

사람들은 희망을 주는 자를 믿는다

희망 없이 사는 것은 사는 것을 멈추는 일이다.
— 표도르 도스토옙스키

MD 앤더슨 암 센터의 주사실 옆을 지나가는데 알코올 냄새가 살짝 났다. 십여 명의 사람들이 병상에 누워 있었고, 2리터짜리 수액 주머니가 그들의 혈관 속에 생명을 구하는 약물을 떨어뜨리고 있었다. 대부분은 오랜 투병 생활로 머리카락이 다 빠졌거나 완전히 지쳐 보였다. 나는 대기실로 걸어가면서 불안한 마음을 다잡으려고 애썼다.

내가 그 병원에 가기 두 달 전이었다. 그때 나는 아프가니스탄에 나가 있었는데, 노스캐롤라이나에 있는 본부 소속 의사가 영상 통화를 걸어 왔다. 내가 최근에 받았던 골수 생체검사 결과를 확인해 보니 만성 림프구성

백혈병CLL에 걸렸다는 것이다. 예후가 좋지 않다고 했다. 백혈병 세포가 비장 안에 있으므로 즉시 귀국해서 비장을 제거하고 화학 요법을 받아야 한다고 했다. 또 이 질병과 싸우는 데는 많은 시간과 에너지를 쏟아야 하므로, 군인으로서의 경력을 더는 이어 갈 수 없을 것이라고 했다. 나는 너무도 놀랐다. 며칠 동안 정신을 차리지 못할 정도였다. 얼마 뒤 나는 노스캐롤라이나로 돌아와서 아내 조지안에게 이 사실을 알렸다. 훌륭한 배우자라면 으레 그렇듯이 조지안은 곧바로 해결책을 찾아 나섰고, 몇 시간 만에 세계 최고의 CLL 전문가인 마이클 키팅 박사를 찾아냈다. 키팅 박사는 나의 고향인 텍사스에 있는 MD 앤더슨 암 센터에 있었다.

아내와 함께 진료실에 앉아 기다리는 동안 내 인생이 과연 어떻게 바뀔까 하는 생각으로 마음이 심란했다. 온갖 최악의 시나리오가 머리에 떠올랐다. 20년 전에 어머니가 폐암으로 돌아가실 때, 어머니의 임종을 지켜 드린 일이 떠올랐다. 그때 어머니는 의식이 없었고, 얼굴은 여위고 마치 유령처럼 창백했다. 어머니의 마지막 숨을 지켜보는 일은 너무도 힘든 일이었다.

〈내 아이들도 그렇겠지? 아냐…… 그건 아니야.〉

내가 누운 병상 곁에서 아이들이 아버지의 마지막을 지켜보면서, 내가 예전에 겪었던 것과 똑같은 고통을 겪게 하고 싶지는 않았다.

이런 온갖 무서운 생각들이 머릿속에서 빠르게 스쳐 지나갈 때, 문이 열리더니 얼굴이 크고 불그스름한 남자가 불쑥 나타났다. 나는 반사적으로 벌떡 일어났다. 그가 바로 키팅 박사였다. 흰색 가운을 입고 한 손에 클립보드를 든 그는 재빨리 방 안을 둘러보았다. 그러고는 책상에 클립보드를 툭 던진 뒤 나에게 걸어와서 강한 호주 억양으로 〈우리 한번 안아 봅시다!〉라고 큰 소리로 말했다. 그는 거부하기도 전에 커다란 두 팔로 나를 꽉 껴안았다. 그러고는 조지안에게 물었다.

「부인이신가 보죠?」

아내는 고개를 끄덕였다. 그러자 그는 이렇게 말했다.

「음…… 부인께서는 남자 친구를 새로 찾지 않아도 되겠네요. 이분은 괜찮을 테니까요.」

아내와 나는 그 말에 깜짝 놀라서 한동안 서로를 바라보았다. 그러고는 의사에게 더듬거리며 물었다.

「미안하지만…… 뭐라고 하셨죠?」

클립보드를 집어 든 키팅은 싱긋 웃으며 말했다.

「괜찮을 거라고 했습니다.」

「아 그렇군요…….」

대답은 그렇게 했지만 믿을 수 없었다.

「노스캐롤라이나에 있는 내 주치의는 당장 비장을 제거하고 화학 요법을 시작해야 한다고 했는데…….」

「아뇨, 더 나은 선택지가 있습니다.」

내가 뭐라고 말을 하기도 전에 키팅은 아내를 바라보고 물었다.

「어떻게 생각하세요? 이 사람을 조금 더 곁에 두고 싶지 않습니까?」

아내는 의사가 방에 들어온 뒤로 한마디도 하지 않고 있었다. 아내의 눈에서 눈물이 흘러넘치는 게 보였다.

「두고 싶죠.」

아내는 그렇게 조용히 말하면서 나를 바라보았다. 그러자 키팅은 큰 소리로 맞장구쳤다.

「예, 맞습니다. 내가 봐도 확실히 곁에 두고 싶은 그런 남자 같습니다, 하하하!」

그 뒤 몇 분 동안, 키팅은 우리에게 검사 결과를 알려주면서 각각의 숫자가 무슨 뜻인지 그리고 CLL이 내 몸에 어떤 영향을 미치는지 하나하나 설명했다. 그리고 가능한 모든 치료 절차와 일정을 일러 줬다. 노스캐롤라이나의 주치의가 내린 진단은 정확했지만, 키팅과 그의 동료들은 새로운 CLL 치료법을 이미 개발해 두고 있었다. 키팅은 대화 내내 웃었으며 재밌는 농담과 호주에서 보낸 어린 시절의 이야기를 들려주었다. 대화가 끝나 갈 무렵에는 내가 가지고 있던 모든 불안이 사라진 뒤였다.

「또 뭐 궁금한 것 있습니까?」

키팅이 아내에게 물었고, 아내는 잠시 뜸을 들이며 나를 바라보고는 이렇게 물었다.

「건강식을 따로 챙겨서 먹어야 하나요?」

키팅은 웃으면서 대답했다.

「아뇨.」

「그럼 운동을 더 많이 해야 하나요?」

키팅은 나를 훑어보고는 고개를 저었다.

「내가 보기에는 지금도 몸이 굉장히 좋아 보이는데요, 뭘.」

「그럼…… 술은 줄여야겠죠?」

그러자 키팅은 갑자기 일어나더니 얼굴을 잔뜩 찌푸리면서 큰 소리로 대답했다.

「오, 그건 안 되죠. 안 됩니다!」

우리 세 사람은 동시에 웃음을 터트렸다. 그리고 이번에는 내가 물었다.

「그럼 다시 아프가니스탄으로 돌아가도 될까요?」

「그럼요. 대신 총에 맞지 않도록 조심은 하시고요.」

그렇게 갑자기 내 인생은 다시 나에게 돌아왔다. 나는 또 다른 미래를 바라볼 수 있었다. **나에게는 희망이 있었다**. 나는 내 인생에 닥칠지도 모르는 그 모든 나쁜 것들에 집중하는 대신 앞으로 다가올 온갖 멋진 가능성을 상상했다. 나는 그 병의 최종 결과에 대해서 백 퍼센트 낙관할 정도로 순진하지는 않았다. CLL은 면역 체계에 영향을 준다. 몸을 허약하게 하고 다른 암과 여러 질병에 취약하게 만든다. 하지만 무슨 영문인지 이 목소리 크고 정신 사나운 떠들썩한 늙은 호주인은 내가 낙관적으로 미래를 바라볼 수 있도록 용기를 주었다. 미소 짓고, 큰 소리로 웃고, 농담하고, 인생을 마음껏 살라고. 앞으로 무슨 나쁜 일이 일어날지 걱정하는 데 내가 가진 모든 시간을 낭비하지 말라고. 〈일어날 수도 있는 어떤 일〉이 〈실제로 일어난 일〉이 되었을 때 우리는 비로소 그 문제를 다룰 거라고. 그의 낙천성은 전염성이 있었다. 그의 희망은 두려움이라는 부담에서 나를 해방시켰다. 그는 내가 앞으로 계속 나아갈 수 있는 힘을 주었다. 그 뒤로 나는 여섯 달마다 MD 앤더슨 암 센터를 찾아가 낙천성의 연료를 채우고 희망을 재충전했다.

그 뒤로도 4년 동안 나는 전 세계에서 진행되던 특수 작전을 이끌었다. 2011년에 내 휘하의 부대가 오사마 빈 라덴에게 정의를 실현했다. 나는 2011년부터 2014년까지 미국 특수전 사령부를 지휘하고 2014년에 은퇴했으며, 은퇴 후에는 영광스럽게도 텍사스 대학교 총장으로 3년 동안 일했다. 그러다가 마침내 2017년에 CLL이 나를 다시 따라잡았다. 심각한 빈혈과 혈소판 수치의 급격한 감소가 나타난 것이다. 그러나 키팅 박사는 변함없는 선한 농담과 소탈한 웃음과 함께 목숨을 살리는 화학 물질을 내 몸에 가득 채워서 다시 나를 건강하게 만들었다.

나는 전 세계를 숱하게 돌아다니면서 희망이야말로 우주에서 가장 강력한 힘임을 깨달았다. 어떤 일이든 견딜 수 있다는 희망, 이런 희망이 없으면 두려움과 절망 속에서 살게 된다. 그리고 어떤 경우에서보다 베트남전 참전 용사들을 만났을 때 그 희망의 힘이 가장 선명하게 나타났었다.

*

베트남 전쟁 때 천 명이 넘는 미국인이 포로로 잡혔다.
이들을 대하는 북베트남의 처우는 그야말로 야만적이
었다. 수용 생활을 몇 년씩 해야 했던 이 포로들은 구타
당하고 고립되었으며 때로는 물과 음식을 제대로 먹지
도 못했다. 해가 거듭될수록 그들에게 희망은 점점 희미
해졌다. 대부분은 다시는 가족을 볼 수 없을 것이라고
믿었다. 그들에게는 동료가 자기의 전부였다.

1970년, 육군 특수부대인 그린베레가 선따이 수용소
의 포로들을 구출하는 작전을 수행했다. 첩보에 따르면
60명이 넘는 미군 포로가 그 수용소에 있었고, 그들이
받는 처우가 너무도 잔인해서 매우 신속한 조치가 필요
했다. 11월 21일, 그린베레 대원 56명은 헬리콥터 여섯
대에 나눠 타고 태국에서부터 라오스를 거쳐 북베트남
의 선따이까지 장장 1,100킬로미터를 날아갔다. 대원들
이 수용소에 다다르자마자 곧바로 북베트남군의 공격
을 받았다. 치열한 전투가 벌어졌고, 적군 42명이 사살
되었다. 그러나 곧 포로들이 그곳에 없다는 사실이 확인
되었다. 정보 당국이 나중에 확인한 바로는, 몇 달 전에

폭우로 수용소가 범람해서 식수가 오염되는 바람에 포로들을 임시로 다른 곳으로 옮긴 터였다. 그러니 그린베레 대원들의 노력은 헛수고가 된 셈이었다. 결국 구출 작전은 실패로 끝났다. 적어도 그린베레 대원들은 그렇게 생각했다. 그러나 사실은 그렇지 않았다. 그로부터 2년이 지나서 미군 포로들이 석방된 뒤에 이 작전이 가져다주었던 충격이 온전하게 세상에 알려졌다.

1973년 4월에 텍사스의 억만장자 기업가 로스 페로가 베트남 전쟁에서 포로가 되었던 미군들과 선따이 수용소 포로 구출 작전에 나섰던 그린베레 대원들, 그리고 그들의 가족을 샌프란시스코로 초대하는 행사를 마련했다. 그런데 행사에서, 똑같은 사실을 두고 포로들은 전혀 다르게 생각하고 있었음이 밝혀졌다. 그린베레 대원들은 구출 작전에 실패했다는 사실 때문에 몇 년 동안 계속 괴로워했지만, 포로로 수용되어 있던 사람 하나가 눈물을 글썽이면서 이렇게 말했던 것이다.

「사람들이 우리를 완전히 잊어버리지 않았다는 사실을 그때 우리가 알았거든요.」

다른 사람들도 이렇게 말했다.

「우리를 구하러 왔었다는 얘기를 듣고 우리 사기가 얼

마나 올랐는지 모릅니다.」

「그들이 우리에게 희망을 줬습니다. 그 얘기를 들었던 그날부터 우리는 앞으로 어떤 시련이 닥치더라도 반드시 견뎌 낼 수 있겠다는 자신감이 생겼거든요.」

**그들은 포로들에게 희망을 안겨 주었다.**

1973년 뒤로 해마다, 선따이 특공대와 포로로 붙잡혔던 미군 병사 그리고 그들의 가족이 한자리에 모여서 희생자를 추모한다. 국가를 위해서 자유를 희생했던 사람들에게 존경을 표하고 구조에 나선 사람들에게 고마움을 표하는 행사이다(페로 가문이 이 추모제를 지원한다). 2005년에 나도 운 좋게 그 행사에 참석했는데, 포로로 잡혀 있었던 사람들은 그때 느꼈던 희망의 감정을 결코 잊지 않고 있었다. 그 구출 작전이 피워 올린 희망의 불꽃은 베트남에서 포로로 잡혀 있던 모든 사람의 사기와 영혼을 끌어올렸고, 그 덕분에 그들은 가장 힘들었던 시간을 버텨 낼 수 있었다.

\*

내일은 지금보다 더 나아질 것이라는 믿음, 이것이 바

로 희망이다. 내일은 자기 아이들이 더 행복해질 것이라는 믿음, 내일은 암세포가 줄어들 것이라는 믿음, 내일은 구조대원이 다시 구조하러 올 것이라는 믿음, 내일은 전쟁이 끝날 것이라는 믿음, 내일은 국가가 하나로 통일되고 세계가 한층 더 안전해질 것이라는 믿음······.

그러나 희망은 허황한 소망이 아니다. 그 이상이다. 세상에 희망을 가져다주려면 자기가 잘하는 것을 찾아서 그것을 다른 사람에게 줘야 한다. 사람들은 자기에게 희망을 주는 사람을 믿는다. 키팅 박사와 같은 사람들과 그린베레를 믿는다. 그러나 그들이 약속을 지킬 것이라고 믿는 경우에만 그렇다.

여기에 좋은 소식이 있다. **사람은 누구나 남보다 잘하는 것, 다른 이들에게 희망을 심어 줄 수 있는 무언가를 타고난다.** 우리 모두가 세상 속의 누군가에게는 부족한 재능을 하나씩은 가지고 있다. 더 빠르거나, 더 강하거나, 더 똑똑하거나, 더 친절하거나, 더 부유하거나, 더 용감하거나, 더 관대하거나, 더 자상하거나, 더 믿음직하거나, 더 정직하거나······ 모든 영웅은 자기만의 특별한 어떤 것을 가지고 있다. 당신도 그 재능을 찾아서 도움이 절실히 필요한 누군가에게 영감을 불러일으켜라. 그 재능을 다른

이에게 희망을 주고 내일을 오늘보다 더 나은 세상으로
만드는 데 사용해라.

### 히 어 로  코 드

---

나는 나만의 독특한 재능을 사용해서
다른 사람에게 영감을 불러일으키고, 내일은 오늘보다
더 나을 것이라는 희망을 안겨 줄 것이다

# 9

## 유머

어둠 속에서도 웃음을 잃지 말라

유머는 인류가 가진 가장 큰 축복이다.
— 마크 트웨인


UDT-11(수중파괴대 11)은 1970년대 후반에 태평양 연안을 담당했던 UDT/SEAL 팀 세 개 가운데 하나였다.* 이들이 쓰던 시설은 해변에서 채 50미터도 떨어지지 않은 곳에 있었는데, 모두 제2차 세계 대전 시절에 만들어진 것이었다. 영내 어디를 가든 태평양의 냄새와 널어놓은 젖은 잠수복에서 나오는 냄새가 풍겼다. 나에게 그 냄새는 모험의 냄새였다. 이 세상 어디에선가 해군 〈개구리〉**들이 해저 잠수함에서 빠져나와 적 시설로 침

* UDT는 상륙 작전에 앞서 목표 해안가의 수중 정찰을 담당하고 장애물을 폭파하는 것을 주 임무로 하는 해군 특수부대이다.

** 네이비실 대원은 자신들을 〈프로그맨frogman〉 즉, 개구리 인간-잠수부라고 불렀다.

투하거나 비행기에서 뛰어내린 뒤 목표물을 폭파하고 다음 전투나 비밀 작전을 준비하고 있었으니까 말이다. 그 세 팀은 잠수복 보관소와 무기고, 낙하 훈련장과 라커룸을 따로 가지고 있었다. UDT-11의 대원 150명 대부분이 베트남 전쟁에서 많은 훈장을 받은 역전의 용사들이었다. 그들은 세 명 이상 모이기만 하면 성공으로 끝난 것이든 실패로 끝난 것이든 간에 UDT에서 감행했던 전설적인 작전을 놓고 무용담을 펼쳤다. 그런데 이제 막 훈련을 마치고 배치를 받은 올챙이였던 내가 진정한 개구리인 네이비실 대원으로서의 자질과 인성을 갖추게 된 것은 그라인더Grinder에서 받은 아침 체력 훈련PT 덕분이었다. 그라인더는 네이비실 대원이 하루를 시작하던 아스팔트의 어느 한 구역이었다. 그곳은 대원들을 육체적으로 단련하고, 그들의 성취 욕구를 시험하며, 그들의 겸손함에 도전하고 도발하는 공간이다. 여기에서 인생의 여러 위대한 교훈이 학습된다.

*

「네가 그 신참이야?」

선임 장교 중 한 명이 물었다.

「예, 그렇습니다. 오늘이 팀 배치 첫날입니다!」

「팀 배치 첫날? 좋아, 여기가 아주 마음에 들 거다. 대원들이 두 팔을 활짝 벌리고 환영할 거야. 베트남 전쟁에 참전했던 역전의 용사들은 정말 멋지지. 그 친구들은 장교들을 너무도 사랑해. 특히 신참 장교들을 말이야. 정말 멋지게 잘 대해 줄 거야.」

「예, 저도 매우 기대하고 있습니다.」

그런데 그 장교는 알 듯 모를 듯한 미소를 지었다.

우리는 카키색 수영복에 파란색과 황금색이 섞인 티셔츠 그리고 정글 부츠 차림으로 건물 밖으로 뛰어나가서 그라인더에 집합했다. 선임 장교가 일일 브리핑을 시작했고, 브리핑이 끝나자 우리는 오와 열을 해체해서 원모양으로 둥글게 섰다. 이른바 피티 서클PT Circle이었다.

그리고 문제의 그 과정이 시작되었다.

「그런데 소위님, 텍사스 에이앤앰*을 나왔다고요?」

「아닙니다, 텍사스 에이앤앰이 아니고 텍사스 대학교입니다.」

「그렇다면 진짜 학교에는 못 갔다는 말이네요?」

* 텍사스에 있는 주립 종합대학교.

내가 뭐라고 대꾸를 하기도 전에 누군가가 끼어들었다.

「저 양반은 텍사스 출신이야. 텍사스에는 진짜 학교다운 학교는 없어.」

「그러니까, 사관학교에 입학할 만큼 똑똑하지 않았다는 말이네요?」

「우리는 우리의 장교들이 똑똑해야 한다고 기대하는데. 소위님 전공이 뭐예요?」

그 순간 나는 잠시 망설였다.

「…… 언론학을 전공했습니다.」

「언론학? 뭐야 그럼 기자잖아! 어이, 부중대장님, 우리 팀에는 기자 나부랭이는 필요 없는데 왜 온 거요?」

선임 장교는 미소만 지을 뿐 아무 말도 하지 않았다.

「실 훈련반은 몇 반이었어요?」

내가 서 있는 곳에서 거의 반대편에서 원을 형성하고 있던 대원이 물었다.

「95반이었습니다!」

그러자 한 고참 부사관이 담배를 퉤 뱉으면서 말했다.

「웃자고 하는 얘기야 뭐야? 95반은 제일 쉽고 편한 반이라고 들었는데…… 여름방학 때 하는 헬 위크* 같은 거 아냐?」

그 뒤로 15분 동안 피티 서클의 50명 전원이 나의 단점에 대해서 한마디씩 거들었다. 팔굽혀펴기, 물장구질(플루터킥), 윗몸일으키기 그리고 버피가 반복되는 사이사이에 그들은 나에 대해서 온갖 것들을 물어보았다. 나의 부모, 운동 신경, 지적 능력, 출신, 훈련소에서의 성적, 그리고 물론 나의 연애 생활에 대해서도…….

「여자 친구는 있어요?」

고참 부사관 한 명이 물었다.

「예, 있습니다.」

「어떻게 생겼어요?」

「예쁩니다. 아주 작고 예쁩니다. 갈색 머리에 녹갈색 눈동자이고, 키는 약 165센티미터…….」

그러자 그 부사관이 빙그레 웃으면서 긴 수염 끝을 돌돌 말며 말했다.

「그렇게 예쁜 여자는 수염을 기르고 까무잡잡한 이탈리아 사람을 좋아할까요?」

그 묘사는 자기를 가리키는 것이었고, 그때 나는 그 부사관 빈틈을 포착하고서 이렇게 대꾸했다.

---

* Hell Week. 네이비실 훈련 과정 중 가장 힘든 마지막 지옥 주간. 대학교 신입생을 골려 주는 일주일이라는 의미도 있다.

「내 여자 친구는 자기보다 키가 큰 남자를 좋아합니다.」

그 순간 모든 사람이 입을 다물었다. 아무리 봐도 키가 165센티미터는 되지 않을 것 같은 부사관이 운동을 멈추고 일어섰다. 그러고는 나를 향해서 걸어와서는 자기 얼굴을 내 얼굴에 바짝 들이대고 으르렁거렸다.

「소위님, 지금 나에게 키가 작다고 말하는 건가요?」

원을 그리고 서 있던 사람들은 머리를 절레절레 흔들고 있었다. 그 가운데 한 명이 고함을 질렀다.

「부중대장, 거기에서 그만 해요.」

또 다른 사람이 부드럽게 타이르듯이 말했다.

「키에 대해서 무척 예민한 사람이거든요.」

그렇지만 나는 물러서지 않고, 한술 더 떴다.

「나를 올려다보시네요.」

그라인더에 있던 모든 사람이 하던 운동을 멈추고 나를 바라보았다.

「뭐? 그게 재미있다고 생각해요, 소위님은? 미 해군의 키 작은 중사를 모욕하는 게 재미있어요? 나는 내 키에 대해서 매우 매우 매우 민감해요. 내 키를 지적하는 것은 나와 한번 붙어 보자는 얘긴데?」

나는 입을 다물고, 정말 내 농담이 선을 넘었나 하고

생각했다. 그러자 갑자기 선임 장교가 웃음을 터뜨렸고, 다른 사람들도 모두 웃음을 터트렸다.

「소위, 우리 팀에 온 걸 환영한다!」

피티가 끝나자 모든 대원이 나에게 손을 내밀면서 UDT-11에 온 것을 환영했다. 나는 무사히 시험을 통과한 것이었다. 나에게는 유머 감각이 있었다.

그라인더에서 보내는 하루하루는 모두 유머의 가치를 일깨우는 시간이었다. 지휘관부터 최하급 사병에 이르기까지 누구나 공개적으로 또 선의로 조롱의 대상이 되었다. 허영심만 넘치고 과제를 제대로 수행하지 못하는 사람에게는 일상의 굴욕이 스스로를 겸손하게 만드는 가르침이었다. 또 실패를 너무 심각하게 받아들이는 사람에게는 가시 돋친 말들이 오히려 시야를 넓혀 주는 자극제가 되었다. 오가는 농담 속에서 사람들은 지혜를 갈고 닦았다. 사람들은 누가 자기를 농담으로 공격하면 농담으로 날카롭게 응수했다. 그렇게 늘 낄낄거리며 웃었지만 상대방의 마음을 진심으로 상하게 하는 일은 없었다.

팀에서는 기분 좋게 웃을 수 있는 범위를 벗어나는 언행은 한 번도 없었다. 날마다 누군가 꼭 한 명은 모두가 배꼽을 잡고 웃을 농담을 하거나 장난을 쳤다. 사령관이 찾지도 않았음에도 사령관이 급하게 찾는다고 거짓말을 해서 사령관을 찾아가게 하고, 전처라고 주장하는 여자가 찾아왔다는 거짓말로 상대방을 당황하게 만들고, 팀원 전체가 마신 술값을 한 사람의 외상 장부에 올리고, 한밤중에 대원 한 사람에게만 비상 출동 명령이 떨어졌다고 속여서 그 사람 혼자 텅 빈 집합 장소로 달려가게 만들고……. 이 모든 장난은 대원을 겸손하게 만들기 위한 것이었던 동시에 팀의 사기를 북돋우기 위한 것이었다. 이런 장난에 잘 대처하는 사람은 겸손한 사람으로 인정받았다. 만약 이런 농담이나 장난에 화를 내거나 사소하게라도 복수한다면, 라커룸을 잃어버리게 될 수도 있었다. 그 순간의 유머를 받아들이는 태도는 거의 모든 면에서 사람을 한층 더 강하게 만들었다.

UDT-11 대원이 되고 몇 해가 흘러 이집트에서 훈련 임무를 수행할 때였다. 나는 보트를 지휘하며 작전을 수행했는데, 바다 한가운데서 우리 보트의 엔진이 꺼져 버렸다. 있어서는 안 되는 일이 벌어진 것이다. 나와 대원들은 열 시간 동안 표류한 끝에 이집트 해안경비대 함정에 구조되어서 알렉산드리아로 예인되었다. 정말이지 끔찍할 정도로 부끄러운 상황이었다. 그런데 항구에서

UDT-11의 다른 대원들이 우리를 기다리고 있었다. 그 순간이 얼마나 굴욕적인지 알고 있었다면 그들은 한층 더 품위 넘치게 우리를 맞았을 것이다. 그러나 그들은 그러지 않았다. 한 술 더 떠서 부두에 줄지어 늘어서서 환영 노래를 불렀는데, 그 노래는 오래전에 방송되었던 텔레비전 시트콤 드라마 「길리건의 섬」*의 주제가였다.

〈그냥 가만히 앉아 있으면 어떤 이야기 하나가 들릴 거야, 운명적인 여행 이야기 말이야……〉

그 대원들이 들고 있던 플래카드에는 「S. S. 미노**의 귀환을 환영한다」라고 씌어 있었다.

그로부터 4년 뒤에는 이런 일도 있었다. 내가 낙하산 사고로 거의 죽을 뻔 한 적이 있었는데, 그때 우리 팀 대원들은 내가 등에 쇠모루를 짊어진 채 낙하산을 타고 뛰어 내리는 만화를 그려 넣은 티셔츠를 단체로 맞춰 입었다.

다시 그로부터 3년 뒤, 스탠 맥크리스탈 장군이 이끌던 합동 특수전 사령부의 고위 참모들이 화상 회의를 하면서 거의 한 시간 동안 나의 부족한 점을 지적하며 들

---

\* Gilligan's Island. 1960년대 미국에서 방송된 시트콤 드라마. 여객선이 폭풍을 만나 무인도에 좌초한 뒤 승객들이 소동을 벌이는 내용을 그렸다.

\*\* 「길리건의 섬」의 주인공들이 조난 당시 탔던 소형 배.

들 볶아 댈 때도 그랬다.

「맥레이븐이 여러 팀을 통틀어 가장 똑똑하다고 말한
다는 것은 단거리 경주에서 가장 빠른 스모 선수라고 말
하는 것이나 마찬가지야. 맥레이븐이 잘하는 게 뭐가 있
어? 텍사스 출신이면서 말을 탈 줄 아는가, 해군이면서
배를 몰 줄 아는가? 농구? 제자리높이뛰기도 5센티미터
밖에 못 뛰잖아!」

나를 향한 걸쭉한 비난은 이보다 훨씬 많았다. 모두
배꼽을 잡고 쓰러질 정도로 웃겼으며, 또 선의에서 비롯
한 말이었다. 그때마다 나는 늘 함께 복무하는 동료들로
부터 존중을 받는다고 느꼈다.

또 나는 이라크와 아프가니스탄과 미국에 있는 여러
병원에서 만났던 수백 명의 부상병들만큼 유머 감각이
넘치던 집단을 본 적이 없다. 다들 총격전이나 사제 폭
발물, 로켓포 혹은 박격포 등과 관련된 이야기를 저마다
하나씩 가지고 있었다. 그들은 모두 끔찍한 어떤 일 때
문에 삶이 황폐하게 바뀌어 버렸어도 값싼 동정에 굴복
하기를 거부했다. 그들은 웃음으로써 두려움과 불확실
성에 맞서 싸웠다.

나는 어떤 〈험비〉* 운전병을 생생하게 기억한다. 적이

쏜 휴대용 로켓 발사기RPG가 그의 차량을 맞혔고, 중환자실에 입원해 있던 그의 몸은 심한 화상으로 온몸이 부풀어 올라 금방이라도 터질 것 같았다. 그러나 눈은 전사의 눈 그대로였다. 그리고 그는 멋진 유머 감각을 가지고 있었다. 내가 쓰레기를 보고 있는 것 같다고 하자 그는 〈사돈 남 말 하시네〉라고 대꾸했다. 전사들 사이에서만 오갈 수 있는 농담이었다. 그가 했던 농담은 그가 입은 부상의 심각함으로부터 그를 보호해 주는 방패인 동시에 적을 향해 휘두르는 칼이었다. 그는 적을 향해 말하고 있었던 셈이다.

**〈나는 아직도 웃을 힘이 남아 있거든. 그러니까 너희들은 아직 나를 꺾지 못했거든!〉**

또 있다. 두 다리를 잃기 전에는 키가 165센티미터였지만 의족을 달고 키가 185센티미터로 커졌던 사람인데, 그는 키가 커져서 여자들에게 인기가 더 많아졌다고 자랑했다. 또 한 손을 잃는 부상을 입고 기계 장치를 손 대신 장착했던 사람은 그 덕분에 골프채를 한층 더 정확하게 잡을 수 있게 되었다고 농담했다. 최고의 군인들 가운데서도 가장 강인한 군인은 상실의 고통을 긍정적

* 미군 군용 지프의 한 종류.

으로 승화하는 유머의 사용법을 알고 있었다.

그러나 전우를 잃는 것보다 더 고통스러운 일은 없었다. 전사자의 장례식에 수십 차례 참석할 때마다 느낀 사실이지만 그들이 보여 주었던 영웅적인 행위는 늘 놀라웠다. 떠나간 전우를 추모하는 장병들은 예외 없이 유머로써 고통의 아픔을 덜었고, 그의 삶이 마지막에 어떻게 끝났든 간에 그의 삶은 늘 재미와 웃음으로 가득 찼음을 보여 주었다. 스러져간 모든 영웅은 장난꾸러기 기질을 가지고 있었다. 동료 대원의 잠수용 고무 옷을 벤게이*로 채웠던 네이비실 대원, 장거리 행군 훈련 때 동료 대원의 배낭에 무거운 돌멩이를 넣었던 레인저 대원, 동료의 낙하산이 잘못 들어가 있는 것처럼 장난을 쳤던 그린베레 대원, 그리고 훈련 때 전투기 조종사를 엉뚱한 함정으로 보냈던 헬기 조종사……. 스러져간 영웅들은 자기 장례식장에서 자기가 다른 대원들에게 그랬던 것과 똑같이 재미있는 농담과 장난을 들었다. 그 강력한 추모의 언행들은 전우를 잃어버린 상실이 아무리 슬프고 쓸쓸할지라도, 그 영웅들의 삶이 웃음으로 가득 차 있었으니 그만큼 즐겁고 좋은 삶을 살다 갔을 게 분명하

* 근육통 완화제 브랜드 중 하나. 크림 형태로 통증 부위에 바른다.

다고 웅변했다.

*

남북 전쟁이 한창이던 때에도 에이브러햄 링컨 대통령은 유머 감각을 잃지 않았다. 대통령이 되기 전, 링컨은 늘 선거에서 졌다. 그는 우울증에 시달렸고, 어린 두 아이를 잃었다. 그런데 대통령이 된 뒤에는 연방이 무너질지도 모르는 전쟁의 부담을 두 어깨에 짊어지고 있었다. 하지만 그런 시절에서도 그는 유머를 놓지 않았다.

농담을 얼마나 자주 했던지 아군의 사상자 발생을 심각하게 여기지 않는다는 비판까지 받을 정도였다. 그러나 링컨은 사상자와 그 가족의 아픔을 심각하게 여기지 않은 게 아니라 유머가 가지는 가치를 온전하게 이해했기 때문에 그랬다. 그의 농담은 패배의 충격을 누그러뜨리고 분노한 유권자를 달래며 반목하는 장군들을 달래고 또 북군의 사기를 북돋우기 위해서였다.

그가 했던 농담들은 대부분 자기 내면을 겨냥한 것이었다. 그는 어느 날 기차에서 자기에게 다가왔던 어떤 남자의 이야기를 즐겨 했다. 그 남자는 링컨에게 이렇게 말했다.

「사실은 내가 당신 물건을 가지고 있습니다.」

그러고는 주머니에서 잭나이프를 꺼냈다.

「이 칼은 나보다 더 못생긴 남자를 찾을 때까지 가지고 있겠다는 약속을 한 끝에 지금까지 지니고 있었습니다. 그런데 이제 당신을 만났으니까, 당신께 드리겠습니다. 당신이야말로 이 물건을 가질 자격이 충분하다고 생각하는데, 당신도 동의하나요?」

『뉴욕 헤럴드』의 어떤 기자는 〈에이브러햄 링컨보다 더 멋진 농담을 하고 농담을 잘 즐기며 자주 웃는 사람은 찾기 힘들 것 같다〉라고 썼다. 링컨은 좋은 농담의 가치를 얼마나 높이 평가했던지, 초등학교에서는 읽기, 쓰기, 산수와 함께 유머도 가르쳐야 한다고 주장했다고 한다. 격변과 위기와 혼란의 시기에, 위대한 지도자는 자기와 자기가 이끄는 사람들에게 도움이 될 힘의 원천으로 유머를 동원하고, 유머에 의지한다.

*

유머는 영웅에게 가장 중요한 덕목 가운데 하나이다.

용기를 보이고 싶다면, 위험과 맞닥뜨렸을 때 웃어라. 겸손함을 보여 주고 싶다면 자기 자신을 농담의 소재로 삼아라. 희생하고 싶으면 자기의 허영을 농담의 소재로 삼아라. 공감하고 싶다면 고통의 충격을 유머로 누그러뜨려라. 솔직해지고 싶다면 자기의 단점을 드러내서 조롱해라. 다른 사람에게 희망을 주고 싶다면 유머를 사용하여 어둠을 환하게 밝혀라. 힘든 시간을 견디고 이겨내려면 웃는 법을 배우는 게 좋다. 내가 가진 코미디언의 자질을 찾아서 주변 사람이 슬픔을 벗어던질 수 있도록 도와라. 그들에게 기쁨을 주고 그들이 어렵고 힘든 시기에도 유머를 볼 수 있도록 도와라. 이것이 바로 진정한 영웅이 하는 행동이다.

## 히 어 로  코 드

나는 유머로 다른 사람을 위로할 것이고,
언제든 두려움 없이 나 자신을 유머의 소재로 삼을 것이다.

# 10

## 용서

강한 자만이 용서할 수 있다

약한 사람은 용서할 줄 모른다.

용서는 강자의 덕목이기 때문이다.

— 마하트마 간디

나는 아프가니스탄 동부에 있는 가르데즈 마을에서 1백 명쯤 되는 아프간 주민들에게 둘러싸인 채로 양반다리를 하고 바닥에 앉아 있었다. 그 사람들 말고도 건물 밖에서 수백 명이나 되는 주민이 그 광경을 구경하려고 모여 있었다. 내 맞은편에는 하얀 면으로 만든 전통 의상 차림의 노인이 앉아 있었다. 윗도리는 길게 흘러내리고 바지는 헐렁한 샬와르 카미즈였다. 노인의 갈색 얼굴은 슬픔과 길고 긴 생애의 시간으로 일그러져 있었다. 노인 옆에는 그보다 스무 살쯤 어린 장남이 검은 옷을 입고 있었다. 그의 얼굴에는 분노가 역력했다. 누가 이

성난 사람을 비난할 수 있겠는가?

몇 주 전, 우리는 가르데즈에서 탈레반 표적을 체포 · 사살하려는 작전을 수행했지만 끔찍한 결과가 일어나고 말았다. 우리 부대 소속 군인들이 탈레반의 지역 지도자를 체포하려고 그 노인의 집을 포위했다. 그런데 그의 아들 두 명이 자기 집 지붕에 있던 우리 군인을 보고는 탈레반인 줄 알고 방어하려고 대응했고, 우리 대원들은 두 사람이 적의 동조자라고 생각하고 발포했다. 두 아들은 총에 맞고 죽었다. 노인의 딸과 다른 여성 두 명도 우리 대원이 쏜 총에 맞아서 죽었다. 우리 대원이 쏜 총의 유탄이 문을 관통해서 세 여자의 목숨을 앗아 갔던 것이다. 그 일은 내가 군에 몸담았던 동안 맞닥뜨린 가장 뼈아픈 비극이었다.

그날 나는 아프간의 전통에 따라서 양 몇 마리와 약간의 보상금을 가지고 노인의 집을 찾았다. 내가 그 마을로 갔던 진짜 목적은 용서를 구하는 일이었다. 내 휘하의 대원들과 전쟁이 그 사람에게 주었던 고통을 진심으로 사과하고 용서받고 싶어서였다. 그러나 나는 그 노인이 과연 나를 용서할지 짐작도 할 수 없었다. 입장을 바꾸어서 내가 그 노인이라고 해도, 자식을 죽인 사람을 증

오하는 마음이 너무 커서 아이들의 죽음에 조금이라도 책임이 있는 사람과는 도저히 화해할 수 없을 것이다.

갈색 턱수염을 길게 기른 중년의 성직자가 통역과 중재를 해주었다. 깊은 슬픔에 잠겨 있던 노인은 줄곧 바닥만 쳐다보고 있다가 고개를 들어 나를 바라보았다. 길고 긴 소개가 끝난 뒤에 중재자가 내게로 눈을 돌렸다. 어떻게 하면 노인의 아픔을 덜어 주고 진심 어린 뉘우침과 사과의 마음을 전달할 수 있을까? 용서를 구하려면 무슨 말을 해야 할까? 어떻게 하는 것이 그 비극적인 전쟁 행위에 대한 보상이 될 수 있을까? 나는 무슨 말을 해야 할지 오랫동안 깊이 생각했었다. 바그람 기지를 떠나기 전에 나는 아프간 정부군 소속의 살람 장군과도 상의했었다. 고인의 아버지에게 무슨 말을 해야 할지, 슬픔과 미안함을 어떻게 표현해야 할지 묻자 살람은 무척 당황하는 눈치였다. 그러나 당연하다는 듯이 말했다.

「그 아버지는 당신을 용서할 겁니다.」

「어떻게 그럴 수 있습니까?」

나는 도저히 믿을 수 없었다. 그러나 살람은 여전히 내 질문의 의도를 파악하려는 듯 목을 길게 빼고 나를 바라보면서 이렇게 대답했다.

「그게 알라가 원하시는 일이니까요.」

나는 약간 짜증이 났다.

「그야 그렇겠지요. 그렇지만 내가 만났던 무슬림이 모두 다 그렇게 관대하지는 않았습니다.」

그러자 살람은 알카에다와 탈레반에 대한 은근한 언급임을 이해하고는 미소를 지었다.

「내가 그 마을을 잘 압니다. 그곳 주민들은 좋은 사람들입니다. 착한 무슬림이죠. 고인들의 아버지는 분명 용서하실 겁니다.」

살람이 아무리 그렇게 말했어도, 나는 도저히 그럴 것 같지 않다는 생각을 떨칠 수 없었다. 내 표정을 읽은 살람이 계속해서 이렇게 말했다.

「코란은 우리에게 자비의 가치를 가르칩니다. 그러니 그 아버지가 당신을 용서할 겁니다. 왜냐하면 그렇게 할 때 비로소 그 사람이 짊어지게 된 무거운 짐도 덜어지니까 말입니다. 자식을 잃은 상실의 아픔이야 절대로 덜어지지 않겠죠. 그 어떤 것도 그 아픔을 누그러뜨릴 수는 없으니까요. 그러나 증오와 분노의 짐은 덜어집니다. 용서는 용서받는 사람뿐만 아니라 용서하는 사람에게도 커다란 선물이거든요.」

나는 노인 앞에 앉아서 살람의 말을 떠올렸다. 과연 그럴 수 있을까?

나는 먼저 노인의 아들을 바라보았다. 그의 눈이 가늘어지고 이마에 주름이 굵게 패는 것이 보였다. 그는 내가 당장 그 자리에서 피를 토하며 죽기를 진심으로 바라는 눈치였다. 나는 노인에게로 시선을 돌렸다. 그리고 심호흡을 한 차례 한 다음 입을 열었다.

「우리 군인들이 실수로 선생님의 가족을 죽였습니다. 제가 그 군인들을 책임지는 지휘관입니다. 저는 오늘 선생님과 선생님의 가족 그리고 친구들에게 애도를 표하려고 찾아왔습니다.」

나는 통역이 이루어지는 동안 잠시 기다렸고, 노인은 말을 듣는 내내 고개를 들지 않았다. 통역이 끝난 다음에 나는 다시 머리를 숙이며 이렇게 덧붙였다.

「저는 또한 오늘, 그 끔찍한 비극에 대해 선생님께 용서를 구하러 왔습니다.」

마침내, 노인은 고개를 들고 내 눈을 바라보았다. 얼굴은 무표정했지만, 눈빛은 따뜻했다. 깊은 슬픔에 고통을 받는 눈빛이지만 분명 따뜻했다. 노인은 고개를 끄덕여서 나더러 계속 말해 보라고 했다.

「선생님과 저는 다릅니다. 선생님은 가정적인 남자이고, 많은 자녀 그리고 많은 친구와 함께 집에서 살고 있습니다. 저는 제 시간의 대부분을 가족과 떨어진 채 외국에서 보내는 군인입니다. 하지만 저에게도 아이들이 있습니다. 진심으로 고인을 애도합니다.」

노인의 눈에 눈물이 고이기 시작했다.

「하지만 우리 두 사람 사이에는 한 가지 공통점이 있습니다, 매우 중요한 공통점입니다. 우리 두 사람 모두 커다란 사랑과 연민을 보여 주는 신을 믿습니다. 저는 오늘 선생님을 위해 기도합니다. 선생님이 슬픔에 휩싸여 있을 때 그 신이 사랑과 연민을 베풀어 선생님의 고통을 덜어 주길 기도합니다. 또한 이 끔찍한 비극에 대해서 저와 제 부하들에게 자비를 베풀어 주시기를 기도합니다.」

내 앞에 앉은 노인과 그의 살아남은 아들을 바라보자니 도저히 더는 말을 이어갈 수 없었다. 물론 그 사람들의 고통이 얼마나 크고 지독할지 상상조차 할 수 없었다.

노인은 고개를 살짝 끄덕였다. 나는 다시 한번 두 사람에게 용서를 구했다.

아들이 아버지의 귀에 뭐라고 속삭였다. 아들의 얼굴

에 비쳤던 분노의 표정은 누그러져 있었다. 그의 두 눈에 일렁이던 분노의 불길은 사라지고 없었다. 아들이 아버지를 대신해서 말했다.

「와주셔서 무척 고맙습니다. 앞으로는 당신들을 향한 감정을 더는 마음에 담아 두지 않겠습니다.」

**앞으로는 당신들을 향한 감정을 더는 마음에 담아 두지 않겠다.** 이것이야말로 용서의 정수이다. 그날 그 마을을 떠날 때 어깨를 짓누르던 무거운 짐이 사라져 버렸다는 느낌이 들었다. 하지만 그보다 더 중요한 게 있었다. 용서에 관해 새로운 사실을 깨달았다. 가르데즈 마을의 그 노인이 내게 그랬던 것처럼 내가 다른 사람에게 자비를 베풀 수 있는 날이 오기를 기도했다. 언젠가 나도 그 노인처럼 좋은 사람이 될 수 있기를 바랐다.

\*

2015년에 사우스캐롤라이나 찰스턴의 이매뉴얼 아프리칸 감리교회에서 백인우월주의자 청년 딜런 루프가 무차별 총기 난사 사건을 벌여서 아홉 명을 살해하고 세 명에게 중상을 입혔다. 루프가 재판정에 섰을 때, 희생자 가족들은 차례로 그 청년의 극악무도하고 이해할 수 없는 행위를 용서했다.

「내가 너를 용서하고 네 영혼에 자비를 베풀겠다.」

그들이 루프에게 한 말이었다. 그를 향한 분노의 마음을 짊어져야 하는 무거운 짐으로서 받아들이지 않겠다고 한 것이다.

파리 소르본 대학의 철학 교수 앙드레 콩트스퐁빌은 이렇게 썼다. 〈용서의 요점은 자신의 증오심을 극복하는 것이고 자기를 온전하게 통제하는 것이며, 악을 이겨서 악에다 악을 보태지 않는 것이고, 악행의 희생자뿐만 아니라 공범도 되지 않도록 하는 것이다.〉

영국의 위대한 작가이자 철학자이며 신학자인 G. K. 체스터튼도 〈사랑한다는 것은 사랑할 수 없는 사람을 사랑한다는 뜻이며, 용서한다는 것은 용서할 수 없는 사람을 용서한다는 뜻이다〉라고 썼다. 딜런 루프의 행동은 도저히 용납할 수 없는 것이었지만, 희생자의 가족들은 루프의 그 비열한 증오 행위에 공범이 되지 않았다. 그들은 희생자가 아니라 승리자였다.

그러나 모든 용서 행동이 그렇게 혐오스러운 것에 국한될 필요는 없다. 오늘날 사회는 너무 쉽게 불쾌해하는 것 같다. 사람들은 너무 쉽게 분노하며, 심지어 어떤 사람은 의도가 무엇이든 간에 공격적인 행동 앞에서는 무조건 신속하고 강력하게 반격해야 한다고 믿는다. 영웅이 할 수 있는 일 가운데 가장 어려운 것이 용서다. 적의 고지를 공격하거나 화재를 진압하거나 총기를 난사하는 미친 사람들을 막는 일은 누군가를 용서하는 일보다 오히려 더 쉽다. 용서가 어려운 것은 두려움 때문이다. 내 행동의 추진력이 되는 분노와 동기를 부여하는 힘인 증오, 억울한 처우를 당할 때 당연히 가져야 하는 의분이 사라져 버릴지 모른다는 두려움 때문이다. 사람들은 분노의 힘을 이용하고자 한다. 불의의 힘과 불만의 분노를 느끼고자 한다. 그래서 가해자를 몰아세워서 그가 정의의 응징을 받기를 바란다. 사람들은 아무리 작은 응징이라도 그것이야말로 자기 영혼을 달래 줄 것이라고 생각한다.

**하지만 그렇지 않다.**

예수는 십자기에 못 박혀서 매질을 당하고 죽어 가면서 하늘을 바라보며 〈아버지, 저들을 용서하십시오. 저들은 자기가 하는 일이 무엇인지 모릅니다〉라고 말했다.

누군가를 용서하기란 쉽지 않을 것이다. 애초에 쉬운

일이 아니다. 강한 사람만이 용서할 수 있다. 하지만 용서는 당신의 인격을 그지없이 단단하게 해줄 것이고, 아무리 선한 사람이라도 피할 수 없는 감정인 증오를 없애줄 것이다.

희생자가 되지 말고 승리자가 되어라.

**용서하기를 배워라.**

## 히 어 로    코 드

나를 향하는 공격이 크든 작든 상관없이,

나는 용서하려고 노력할 것이다.

나는 희생자가 아니라 승리자가 될 것이다.

## 에필로그

　회의실에 들어가 테이블 상석에 앉으면서 내가 맞을 새로운 삶이 얼마나 달라질지 생각했다. 37년간 해군에서 복무한 뒤에 나는 군복을 벗고 양복을 입었다. 텍사스 대학교 시스템의 총장이 되어서 여덟 개 대학과 6개 건강 관리 연구 기관 그리고 23만 명의 학생과 10만 명의 직원을 감독하게 되었다. 테이블에 둘러앉은 이사들은 네이비실 대원들이나 일반 장병들과는 전혀 달랐다. 양복을 차려입은 그들은 교육자나 의사, 변호사이고 또 전직 대학 총장들이었다. 대학교 총장이라는 자리를 맡겠다고 나서기 전에 내가 만났던 학생이나 교수 혹은 연구원은 내가 늘 보던 레인저스 내원이나 그린베레 내원보다 규율이 부족해 보였다. 인수인계 과정에서 만났던 학교 동문, 시민운동을 하는 활동가, 의회 의원 등은 모두 좋은 분들이었지만, 나와 함께 군대에서 복무했던 전사들과는 다름을 분명히 알 수 있었다. 육해공군 및 해병대의 군인들과 공무원들…… 이들과 함께했던 날들이 너무 좋았다. 그래서 다시는 그런 부류의 사람들을 만나지 못하게 될까 봐, 다시 말하면 군대에 있으면서 보았던 용기, 겸손, 희생, 사명감 등과 같은 것들을 다시는 보지 못하게 될까 봐 나는 걱정했다. 그러나 나중에야 깨달은 사실이지만 그건 쓸데없는 걱정이었다. **영웅은 어디에나 있다.**

강의실에서 미국의 청년들에게 한층 더 나은 시민이 되도록 가르치는 영웅들이 있다.

전국의 병원에는 병들고 죽어 가는 사람들을 돌보는 영웅들이 있다.

시민이 오가는 거리를 폭력과 범죄로부터 안전하게 지켜 주는 영웅들이 있다.

식탁에 올라가는 음식의 재료를 만들려고 농장과 목장에서 일하는 영웅들이 있다.

온갖 불의와 인종 차별에 맞서 싸우는 영웅들이 있다.

주 의회에는 소외되고 억압받는 사람들에게 힘이 되는 법률을 제정하려고 투쟁하는 영웅들이 있다.

미국의 모든 주의 가정에는 자기 아이들이 조금이라

도 더 나은 삶을 살아갈 수 있도록 열심히 일하는 영웅들이 있다.

허리케인 하비가 비극을 몰고 왔을 때나 코로나 팬데믹이 우리를 덮쳤을 때 그리고 사회적 불의에 대한 분노가 거리로 쏟아져 나왔을 때, 바로 그 영웅들이 떨쳐 일어났다. 우리가 그토록 높이 평가하는 덕목들이 환한 불빛을 내서 우리가 나아가는 앞길을 밝게 비췄다.

\*

이 책은 아무나 흉내 낼 수 없는 어떤 불가능한 가치나 덕목을 이야기하는 게 아니다. 오히려 그 반대다. 내가 만나 본 영웅들 대부분 그리고 이 책에 소개한 영웅들 대부분은, 나중에 영웅적인 행동으로 일컬어지는 그 행동을 하기 전에는 그저 평범한 사람들일 뿐이었다. 육군 소속이던 애슐리 화이트는 오하이오 출신의 젊은 여성이었지만, 그녀가 남긴 용기의 유산은 그녀와 함께 복무했던 군인들에게 영원히 기억될 것이다. 랠프 존슨은 동료 해병대원의 목숨을 구하기 위해서 자기의 목숨을 바쳤지만, 그런 행동을 하기 전에는 남부 지역에서 성장한 가난한 흑인 청소년이었으며, 입대하기 전만 하더라도 그런 위대한 행동을 하게 되리라고는 본인이나 주변 사람 그 누구도 예상하지 못했다. 존 애덤스가 식민지 미국인을 사살한 영국군 병사들의 법정 변호사를 자처하고 나섬으로써 미국 사법 제도의 경로를 바꾸어 놓았지만, 그렇게 하기 전까지만 하더라도 그는 특별할 것도 없이 평범하기만 하던 청년 변호사였다. 네브래스카의 작은 마을인 노스플레이트의 주민들은 기차를 타고 전쟁터로 나가는 군인들이 잠시 쉬어 갈 때 그저 친절을 베풀었을 뿐, 그들이 보여 준 따뜻한 연민이 그렇게나 많은 청년의 삶을 바꾸어 놓을 줄은 전혀 몰랐다. 제임스 앨리슨 박사는 텍사스의 작은 마을에서 성장했는데, 그의 유일한 강점은 호기심과 인내뿐이었다. 어떤 점에 비추어보더라도 그가 장차 과학계에 불멸의 업적을 쌓을 것 같지는 않았다. 그러나 그는 그런 영웅이 되었다.

이들에게는 다른 사람들과 구분되는 점이 있다. 바로 개개의 성격이 자상한 부모, 사랑을 베푸는 교사, 쉽게 만족하지 않는 코치, 공감할 줄 아는 경찰관, 관대한 성직자, 영감을 주는 군인, 또는 유머 감각이 넘치는 친구의 영향을 받으면서 오랜 시간에 걸쳐 형성되었다는 점이다. 그들은 연구와 성찰과 경험을 통해서 용기를 가지는 법, 겸손해지는 법, 남을 위해 희생하는 법, 진정성을 갖추는 법, 연민을 베푸는 법, 어렵고 힘든 시기를 인내하는 법, 사람들에게 희망을 주는 법, 아무리 사소해 보이는 것일지라도 자기에게 주어진 의무를 다하는 법, 희망이 보이지 않는 막막한 어둠 속에서도 웃는 법, 그리고 자기에게 잘못한 사람을 용서하는 법을 배웠다. 영웅이 된다는 것은 경험을 통해서 학습하는 것이다.

링컨은 〈나는 미래에 대비해서 준비할 것이고, 그러면 언젠가 나에게 기회가 올 것이다〉라고 말했다. 그렇다. 당신이 영웅이 될 기회는 언젠가 당신에게 찾아올 것이다. 언젠가 당신이 베풀 작은 연민의 행동이 누군가의 삶의 진로를 바꾸어 놓을 수 있다. 언젠가 당신이 낼 용기가 당신이 속한 국가의 진로를 바꾸어 놓을 수 있다. 언젠가 당신이 할 작은 희생이 역사의 진로를 바꾸어 놓을 수 있다. 당신은, 당신보다 먼저 왔던 영웅들 그리고 당신 곁에 있는 영웅들에게서 무언가를 배울 준비를 지금 당장 시작해야 한다.

영웅이 되기란 쉽지 않고, 영웅이 되는 운명이 따로 정해져 있는 것도 아니다. 어쩌면 영웅으로 가는 길은 고통과 실망으로 가득 찰 수도 있고, 위험할 수도 있다. 자기주장을 지키며 끝까지 신념을 버리지 않을 때는 〈가혹한 운명의 화살과 돌멩이〉에 맞는 고통을 당할 수도 있다. 그러나 우리는 그런 사람들을 영웅이라고 하고, 그렇게 부르는 데는 그럴 만한 이유가 있다. 그들의 행동은 군중에 굴복하지 않고 오히려 그들을 초월한다. 그들은 용기 없는 이들, 즉 옳은 일을 하겠다는 도덕적인 강인함이 부족한 사람들과는 달리 그래야만 하는 상황이 되면 주머니 속의 송곳처럼 자기를 드러낸다. 결국 그들은 우리를 보다 더 나은 사람으로 만들고, 한 걸음 더 나아가 우리가 사는 이곳을 더 나은 사회와 세상으로 만든다. 어린 시절 나는 〈강철 인간〉이 우리 주변에 있어서 세상을 구해 주길 바랐다. 그러나 〈강철 인간〉은 세상에 존재하지 않는다. 세상을 구하는 일은 우리 몫이다. **그 일은 당신이 해야 할 일이다.**

우리가 필요로 하는 영웅이 되어라.
〈히어로 코드〉를 신조로 삼고 살아라.

## 히어로 코드

1. 나는 언제나 **용기**를 가지려고 노력할 것이다. 두려움이나 공포에 맞닥뜨릴 때마다 한 걸음 앞으로 나아가려고 노력할 것이다.

2. 나는 늘 **겸손**해지려고 노력할 것이다. 나의 지성과 이해력과 힘의 한계를 깨달으려고 노력할 것이다.

3. 나는 내 시간과 재능과 보물을 이것들을 절실히 필요로 하는 이들에게 조금씩 나눠 줌으로써 **희생**하는 법을 배울 것이다. 하루도 빠뜨리지 않고 배울 것이다.

4. 나는 **진정성**을 갖춘 사람이 될 것이다. 내가 내리는 모든 결정과 내가 하는 모든 행동은 도덕적이고 합법적이며 윤리적일 것이다.

5. 나는 적어도 하루에 한 번 한 사람에게만큼은 아무런 대가를 기대하지 않은 채 **연민**의 마음으로 친절을 베풀 것이다.

6. 나는 나와 내 가족에게 또 내 조국과 신념에 중요한 것들을 절대로 포기하지 않을 것이다. 나는 **인내**할 것이다.

7. 나에게 어떤 일이 주어지든, 또 어떤 **의무**가 부여되든, 나는 모든 역량을 동원해서 그것을 해낼 것이다.

8. 나는 나만의 독특한 재능을 사용해서 다른 사람들에게 영감을 줄 것이며, 내일은 오늘보다 더 나을 것이라는 **희망**을 안겨 줄 것이다.

9. 나는 **유머**로 다른 사람을 위로할 것이다. 언제든 두려움 없이 나 자신을 유머의 소재로 삼을 것이다.

10. 나를 향하는 공격이 크든 작든 상관없이, 나는 **용서**하려고 노력할 것이다. 나는 희생자가 아니라 승리자가 될 것이다.

## 감사의 말

이 책을 쓸 수 있도록 우정과 격려를 아끼지 않은 아셰트 출판그룹의 레이첼 캠버리와 션 데스몬드에게 감사를 표한다. 나의 친구이자 변호사인 밥 바넷은 늘 그랬듯 이번에도 이 책이 나올 수 있도록 도움을 주었다. 고맙다. 당신은 이 분야에서 최고다. 마지막으로 내가 상상할 수 있는 최고의 〈첫 번째 독자〉인 아내 조지안에게 고마운 마음을 전한다. 아내의 철저함과 솔직함과 강인한 사랑 덕분에 이 책은 나의 부족함에도 불구하고 좋은 책이 될 수 있었다. 독자에게도 고맙다는 인사를 드린다.

옮긴이 **이경식** 서울대 경영학과, 경희대 대학원 국문학과를 졸업했다. 옮긴 책으로는 『플랫폼 기업전략』, 『부의 감각』, 『프레즌스』, 『구글의 아침은 자유가 시작된다』, 『신호와 소음』, 『승자의 뇌』, 『안데르센 자서전』, 『카사노바 자서전』, 『투자전쟁』, 『태평양 전쟁』 등 90여 권이 있다. 저서로는 에세이집 『1960년생 이경식』, 『청춘아 세상을 욕해라』, 『대한민국 깡통경제학』, 『미쳐서 살고 정신 들어 죽다』, 『나는 아버지다』, 소설 『상인의 전쟁』, 평전 『이건희 스토리』 등이 있고, 영화 「개 같은 날의 오후」, 「나에게 오라」, TV 드라마 「선감도」, 연극 「동팔이의 꿈」, 「춤추는 시간여행」, 오페라 「가락국기」, 음악극 「6월의 노래, 다시 광장에서」 등의 대본을 썼다.

## 히어로 코드

**발행일**  2022년 7월 1일 초판 1쇄

**지은이**  윌리엄 H. 맥레이븐
**옮긴이**  이경식
**발행인**  홍예빈 · 홍유진
**발행처**  주식회사 열린책들

경기도 파주시 문발로 253 파주출판도시
전화 031-955-4000  팩스 031-955-4004
www.openbooks.co.kr